Vers la dépénalisation de l'avortement au Gabon ?

Cette revue est une publication du
Département de recherche sur les dynamiques sociales
(DRDS)
Institut de recherche en sciences humaines
(IRSH/CENAREST)

Sous la direction de
Noëlline Obame et Aimée Patricia Ndembi Ndembi

Vers la dépénalisation de l'avortement au Gabon ?

L'Harmattan

Merci à AMPLIFYCHANGE

5-7, rue de l'École Polytechnique, 75005 Paris
http://www.editions-harmattan.fr
ISBN : 978-2-336-59184-1
EAN : 9782336591841
Dépôt légal : mars 2026

Équipe éditoriale

Comité Scientifique

Comité de lecture

Sommaire

Éditorial

MOTO NDONG FRANÇOIS,
Docteur en philosophie de l'existence et de la religion,
Maître de Recherche CAMES

L'irruption d'une grossesse est toujours un moment particulier et sensible, qui bouleverse littéralement le cours de l'existence de la femme à bien des égards. Le fait d'être enceinte déclenche chez elle des sentiments variés et, parfois, contradictoires. Fondés sur une certaine appréhension habituelle en de pareilles circonstances, ceux-ci traduisent son état d'esprit, à la limite de la dépression. Selon qu'elle apprécie ou non la venue d'un enfant, la conscience féminine peut osciller, pour ainsi dire, entre l'euphorie et l'enthousiasme, d'un côté, et l'angoisse, l'inquiétude ou la révulsion, de l'autre. Au-delà de l'individualité féminine à laquelle se rattachent directement ses multiples effets, l'annonce d'une grossesse suscite de nombreuses et diverses réactions chez les personnes qu'elle est susceptible d'intéresser ou d'impliquer. Ces répliques reflètent et dévoilent leurs attentes et/ou leur positionnement quant aux différentes répercussions relatives à une naissance. Dans cette perspective, on découvre plusieurs catégories d'individus, dont les postures peuvent révéler les sentiments réels vis-à-vis de l'événement annoncé. On peut ranger dans le premier groupe des sujets concernés par une grossesse annoncée, les couples désireux d'avoir un ou plusieurs enfants. Dans cette situation où le désir de procréation s'exprime avec force et envie, il y a de fortes chances pour qu'une préparation minutieuse et une programmation claire de l'événement soient mises en œuvre en vue d'atteindre cet objectif. Par conséquent, à la déclaration d'une grossesse et, malgré l'angoisse liée notamment à une incertitude relative quant à l'avenir à la fois du couple et de l'enfant à naître, les sentiments de joie, de plénitude, d'accomplissement et de bonheur dominent la plupart du temps.

Au sein d'une autre catégorie de futurs parents, on peut retrouver des couples qui éprouvent des difficultés à procréer. Si la femme venait à tomber enceinte, il va sans dire, au vu des circonstances, que les personnes impactées par cette situation seraient agréablement surprises, soulagées, joyeuses et heureuses. Au milieu de ces couples manifestant clairement le désir d'enfant, apparaissent les individus que l'on peut qualifier de neutres, c'est-à-dire ceux qui ne projettent rien de particulier dans ce sens. Il s'agit précisément des personnes parées à toute éventualité ; autrement dit, en l'absence d'une grossesse, elles continuent de mener leur vie de façon normale, sans pression ; si une grossesse « leur tomber dessus », elles l'acceptent et font ce qu'il faut pour la mener à bien. Dans ce cas, on perçoit une sorte d'indifférence consciente ou consciencieuse, qui ne constitue pas un blocage rédhibitoire, mais peut déclencher une prise en charge conséquente de l'événement. De ce fait, les conditions nécessaires pour accueillir un nouveau-né, dont il ne serait pas étonnant d'apprécier la venue, pourraient être réunies. Les trois catégories de futurs parents ainsi identifiés sont considérées comme rassemblant des personnes qui disposent de moyens nécessaires pour assumer correctement non seulement toute la période de gestation, mais aussi l'entretien de l'enfant à naître. Pour ces groupes de personnes, dont le désir de concevoir est plus ou moins clairement exprimé, une grossesse problématique (malformation embryonnaire), mal conçue (viol, inceste) et potentiellement dangereuse (grossesse extra-utérine) demeure la seule possibilité pouvant les confronter ou les contraindre à un avortement. Par conséquent, la probabilité que l'interruption provoquée de la grossesse, confiée aux professionnels de la santé rompus à la tâche, se fasse dans de bonnes conditions est grande.

En dehors des catégories de personnes directement impactées par une grossesse qui viennent d'être évoquées, il y en a une autre, regroupant les individus avec des profils différents et variés. On y trouve, notamment des individus ayant fait le choix de ne pas concevoir, des gens ne se sentant pas prêts à se lancer dans un projet d'un enfant, des gens estimant ne pas disposer de moyens suffisants pour assumer une grossesse et ses répercussions Toutes ces personnes sont, pour ainsi dire, réfractaires, voire hostiles, pour diverses raisons et situations, à l'idée de procréation. En conséquence, ce sont elles qui manifestent et développent, la plupart du temps, des sentiments négatifs (surprise désagréable, angoisse, inquiétude, panique, répulsion, regret, horreur, rejet, etc.) que peut susciter l'annonce d'une grossesse. C'est également chez elles qu'émerge souvent le projet d'interruption provoquée ou consciente de grossesse. Les candidats à l'avortement, dans de telles circonstances, ne se laissent freiner par aucun obstacle, ne lésinent pas sur les moyens, ni n'ont aucune limite pour parvenir à leurs fins. Bien au contraire, ils vont faire l'impasse sur toutes les conséquences susceptibles de découler d'une interruption de grossesse mal maîtrisée. Dans cette philosophie du quoi qu'il en coûte, on se préoccupe peu ou pas du tout de soi-même, directement exposé aux effets potentiellement dangereux de l'avortement, encore moins de l'enfant, dont l'existence va être précocement écourtée et de la société dans l'ensemble, non-épargnée par ses dégâts. De fait, les personnes non désireuses d'une grossesse sont les plus à même à prendre tous les risques pour s'en débarrasser. Ce faisant, elles courent tous les dangers, dont le plus grave reste la mort. Craignant la stigmatisation sociale forgée à partir des préjugés populaires, cherchant à se défaire de l'emprise culturelle née de l'idéalisation traditionnelle de la progéniture et voulant échapper aux radars de la morale religieuse fondée sur les prescriptions divines supposées, les candidats à l'avortement optent, en général, pour la voie clandestine. De la sorte, elles s'exposent à tous les dangers liés à cette pratique à risque.

L'interruption spontanée ou provoquée d'une grossesse fait partie des problématiques de l'environnement humain, dont le traitement implique plusieurs domaines scientifiques tels que les sciences formelles (la mathématique, l'informatique), les sciences naturelles ou expérimentales (la physique, la biologie, la chimie) et les sciences humaines et sociales (la sociologie, la psychologie, la philosophie). Le concept de volonté, dont la notion de liberté constitue le fondement et la manifestation expressive, souvent associé au fait d'avorter apparaît comme un abus de langage qu'il faut relativiser. En effet, par principe et par définition, la liberté exclut toutes formes de contraintes. Or, une interruption de grossesse est, la plupart du temps, le résultat d'une combinaison, sinon d'impératifs, au moins de causes dont aucune autre issue n'était possible. Par conséquent, sans vouloir déresponsabiliser tous les auteurs d'un avortement provoqué, il convient de relever l'absence de choix, au sens strict du terme, lors de leur prise de décision. Ainsi, bien qu'elle soit l'expression consacrée, il faut garder à l'esprit que l'interruption volontaire de grossesse fait référence à une réalité bien plus complexe. Elle ne saurait donc se réduire à cette simple expression, qui laisse par ailleurs apparaître les germes d'une stigmatisation à peine voilée, à savoir que toute interruption de grossesse serait le résultat d'une conspiration. En d'autres termes, aucun avortement ne peut être justifié, ni hasardeux, ce qui, en soi, constitue une pression susceptible d'ouvrir la voie de la clandestinité. C'est la raison pour laquelle l'expression « interruption provoquée de la grossesse » lui est préférée.

Les fortes implications culturelles, religieuses et juridiques de l'interruption de la grossesse la placent au cœur des préoccupations d'une extrême délicatesse que la société traite ou, plutôt, doit traiter en urgence, avec sérieux et avec la plus grande vigilance. Bien plus, la multiplicité, la diversité et la gravité souvent périodique et relative de ses conséquences, combinées à la frilosité et à la gêne légendaires des communautés traditionnelles (africaines, notamment) face à la question de la sexualité pousse l'ensemble du corps social à la réflexion et à l'action, en vue de sa gestion juste et efficace. Si l'on considère la perception sociale de l'avortement, empreinte de soupçon de malveillance, voire de mal, on peut mieux mesurer sa pression sur la société et comprendre l'urgence de sa prise en charge communautaire. En effet, de façon générale, l'interruption provoquée d'une grossesse apparaît dans le domaine culturel comme une perversion des valeurs ancestrales, en religion comme une transgression des prescriptions divines et en droit comme un phénomène problématique, voire dangereux, à réglementer. Bien plus, les dangers auxquels une interruption de grossesse expose les auteurs, les femmes en tête, les conditions souvent mauvaises dans lesquelles elle est opérée, ainsi que le désordre et l'anarchie observés dans ce domaine ont poussé les États à réagir, afin de limiter, à défaut de les empêcher, les mésaventures liées à l'avortement que vivent les populations. La menace pour les politiques natalistes et le peuplement des pays que constitue l'interruption de grossesse, apparaît comme une raison supplémentaire pour agir et trouver des solutions pouvant freiner son expansion. Dans cette perspective, l'action de la puissance publique passe notamment par la législation de ce pan de la vie sociale.

Comme la plupart des pays du monde confrontés aux problèmes générés par le phénomène d'avortement, le Gabon tente, tant bien que mal, d'y apporter des solutions adaptées à son environnement. Sa situation est d'autant plus préoccupante et urgente que sa population compte parmi les plus faibles au monde. C'est pour cette raison que les premières initiatives des autorités publiques gabonaises sont allées dans le sens d'instaurer une politique nataliste volontariste, dont les différentes actions menées dans ce cadre convergent vers une seule direction, à savoir le peuplement du Gabon. Il s'est agi essentiellement d'encourager les femmes à faire les enfants, en leur proposant des mesures d'accompagnement à la fois pour mener à bien leurs grossesses et pour assurer l'entretien de leur progéniture. Cependant, dans les faits, la limitation des avortements, fixée comme objectif à cette politique somme toute volontariste et salutaire, a semblé s'éloigner, car un nombre considérable de femmes, jeunes et adultes, continuent de se faire avorter. L'une des raisons souvent évoquées pour expliquer ou tenter de justifier la persistance de ce problème est l'insuffisance des moyens proposés aux femmes et aux familles pour assumer convenablement la grossesse et l'enfant à naître. Ne pouvant abandonner la lutte contre les avortements, se désengager de ses ambitions de politique nataliste et surtout conscient de la nécessité presqu'impérieuse de relever le niveau de la population gabonaise, l'État a d'abord décidé de la mise en place d'une réglementation stricte, matérialisée par une interdiction formelle de la pratique abortive. Ce faisant, les autorités ont cru avoir trouvé la solution qui devait leur permettre de régler définitivement le problème des avortements au Gabon. Mal leur en a pris, car non seulement le phénomène ne s'est pas arrêté, mais il s'est amplifié. Toujours dans la recherche de solutions pour limiter leur nombre, à défaut d'empêcher les interruptions provoquées de grossesses, l'État gabonais, qui ne vit pas en vase clos, a observé et s'est inspiré des aménagements de la loi sur l'avortement entrepris dans les autres pays d'Afrique et du monde. À la suite de ces investigations, il a ensuite introduit dans son corpus juridique consacré à la législation de l'avortement, des clauses précises, en vue d'assouplir sa réglementation dont la rigidité semble avoir produit des effets pervers et/ou contreproductifs. Plus clairement, toujours dans l'espoir de voir les femmes conduire leurs grossesses à terme, l'État est, en fin de compte, passé de l'interdiction stricte et formelle de l'avortement à son autorisation conditionnée. Cette modification de la loi sur l'avortement sur laquelle le Gabon se fonde désormais pour redynamiser sa politique nataliste a précisément donné lieu à sa dépénalisation relative ou sous condition. En pratique, l'interruption provoquée de la grossesse ne peut et/ou ne doit intervenir que dans les cas de viol, d'inceste, de malformation incorrigible de l'embryon et de mise en danger de la vie de la mère.

Une fois de plus, l'adoption des mesures visant l'assouplissement de la loi sur l'avortement, jugée contreproductive, n'est malheureusement pas venue à bout du phénomène persistant des avortements, quelles que soient leurs modalités pratiques. L'État gabonais, qui a fait reposer ses espoirs sur ces aménagements de la loi pour atteindre ses objectifs, ne semble pas avoir pris la pleine mesure des autres paramètres aussi bien à l'intérieur du cadre de la santé qu'en dehors, qui semblent être à l'origine de la persistance des avortements. Lesdits paramètres sont divers et variés, et peuvent être multipliés à l'infini, car, dans le fond, chaque candidate à la pratique abortive évoque une ou plusieurs raisons à cet effet. Les motifs personnels (le défaut de moyens, les difficultés d'interaction avec la société, les pressions culturelles et religieuses) apparaissent donc comme étant les premiers fondements de la persistance de l'interruption provoquée de grossesse. À côté des candidates à l'origine de l'avortement, apparaissent les professionnels de santé, qui n'aident pas vraiment à résoudre le problème. En effet, ils adoptent parfois des attitudes repoussantes, tiennent souvent des discours inconvenants et s'abstiennent d'informer et/ou de sensibiliser l'opinion sur les questions relatives à la problématique de l'avortement. Cet ensemble de choses qui embarrasse clairement bon nombre de patientes déjà désorientées par une grossesse qu'elles portent comme un poids, dont elles veulent et doivent se défaire, contribue également à faire perdurer les avortements. Dans la même veine, la société, dans sa version culturelle et traditionnelle, qui, pour des raisons évidentes de perpétuation du nom, de la famille, du clan, de l'ethnie et de l'espèce humaine, sacralise la naissance, ne peut que s'opposer à toutes formes d'interruption de la grossesse. Elle crée ainsi un environnement où tout acte qui tend à porter atteinte à la vie naissante est mal perçu, voire stigmatisé. La religion qui fait partie du corps social et milite quasi-aveuglement en faveur de la vie, s'inscrit dans la même dynamique du rejet de l'avortement, dont elle fait un péché mortel, pour mieux marquer les esprits et les empêcher de le pratiquer. Dans cet environnement contraignant, qui fait apparaître des complications diverses et multiples, une complexité rédhibitoire et une unanimité impossible au sujet du phénomène de l'avortement, le problème reste presqu'entier. C'est là le fondement discursif du numéro 3 de la Revue Gabonaise Conduites Humaines, consacré à la « Dépénalisation de l'avortement et mœurs au Gabon ». La confrontation ainsi marquée entre la loi, produit du droit positif et les mœurs, relevant plutôt des normes et valeurs établies dans la culture et les traditions du Gabon ajoute à la complexité inextricable du problème posé. Il s'agit donc dans ce volume de démêler l'écheveau ; autrement dit, bien que l'accent soit mis sur la confrontation presque frontale entre la dépénalisation de l'avortement, en vue de son autorisation relative et les mœurs qui le combattent dans l'environnement gabonais, les contributions doivent, au fond, questionner plusieurs rapports sociaux (la société, entendue comme collectif aux multiples intersubjectivités, et la culture, avec un type particulier de normes communautaires, face à l'individu dont les intérêts peuvent diverger, voire s'opposer à ceux du groupe) qui font apparaître la femme face à une grossesse qu'elle ne souhaite ou ne veut pas mener à terme. Il s'agit également de voir comment une interruption de grossesse peut se faire avec un minimum de dégâts possible. En cela, même si le risque qu'elle soit ralentie ou interrompue par les mœurs gabonaises demeure présent, la « dépénalisation de l'avortement » apparaît, malgré tout, comme une opportunité à saisir, en vue de l'assainissement de la pratique abortive.

I.

Natalisme et interruption volontaire de grossesse au Gabon : un paradoxe des politiques publiques

CHANTAL MIDZIE ABESSOLO
Département d'Études Politiques et Stratégiques (DEPOS) de l'Institut de Recherche en Sciences Humaines (IRSH)
Groupe d'Études Politiques et de Défense (GREPOD)
chantalabessolo@yahoo.fr
ELYSE EKEMEYONG ALLOGHE
Université Omar Bongo (UOB), Département de Science politique
elysealloghe@gmail.com

Résumé

Cette communication interroge le paradoxe entre la politique nataliste du Gabon et la dépénalisation partielle de l'interruption volontaire de grossesse (IVG). Historiquement fondé sur une valorisation démographique et morale de la maternité, le natalisme gabonais érige la femme en « mère de la Nation », garante de la vitalité collective. Or, la révision du Code pénal (2019 – 2021), inspirée du Protocole de Maputo, a introduit une ouverture juridique au droit à l'IVG dans des cas précis. Cette évolution légale se heurte néanmoins à des résistances sociales et culturelles : la morale publique, les traditions familiales et les discours religieux continuent d'associer l'avortement à une atteinte aux mœurs et à la cohésion sociale. À travers une approche croisant analyse juridique, sociopolitique et anthropologique, cette étude met en évidence la tension entre impératifs démographiques et autonomie reproductive. Elle soutient

que la dépénalisation de l'avortement, au-delà de sa portée légale, constitue un révélateur des mutations des conduites humaines, des normes morales et des politiques publiques au Gabon.
Mots-clés : Natalisme ; IVG ; dépénalisation ; mœurs ; santé reproductive ; politiques publiques.

Abstract

This paper examines the paradox between Gabon's natalist policy and the partial decriminalization of abortion. Historically rooted in a demographic and moral valorization of motherhood, Gabon's natalist discourse portrays women as "mothers of the Nation," guarantors of collective vitality and social continuity. However, the revision of the Penal Code (2019–2021), inspired by the Maputo Protocol, introduced a legal opening to abortion rights in specific circumstances. This legal progress contrasts with persistent social and cultural resistance: public morality, family traditions, and religious discourse continue to frame abortion as a moral transgression and a threat to social cohesion. Through a cross-disciplinary approach combining legal, sociopolitical, and anthropological analysis, this study highlights the tension between demographic imperatives and reproductive autonomy. It argues that the decriminalization of abortion, beyond its legal dimension, reveals the ongoing transformation of social conduct, moral norms, and public policy in Gabon.
Keywords: Natalism; Abortion; Decriminalization; Morality; Reproductive Health ; Public Policy.

Introduction

En juin 2024, une journée de réflexion intitulée « Vers la dépénalisation de l'avortement au Gabon ? » a été organisée au CENAREST par le département de Recherche sur les Dynamiques Sociales de l'IRSH, en collaboration avec le Réseau d'Afrique centrale pour la santé reproductive des femmes. L'activité s'inscrivait dans un contexte politique décisif. Le Gabon venait de renforcer sa politique nataliste. Désormais inscrite dans la Constitution du 19 décembre 2024 elle est consacrée par la loi organique n°001/2025, puis promulguée le 22 janvier 2025. Cette politique vise à stimuler la croissance démographique pour répondre à des enjeux socio-économiques majeurs.

En parallèle, l'État a amorcé une reconnaissance progressive des droits reproductifs via une dépénalisation partielle de l'IVG. Cette dualité paradoxale encourage la natalité tout en autorisant légalement certaines interruptions de grossesse. Elle met en tension impératifs de développement, droits humains et réalités socioculturelles. Dans un pays où les tabous culturels et religieux demeurent puissants, l'IVG suscite des débats mêlant liberté individuelle, santé publique et justice sociale.

Ce dilemme transparaît aussi sur le plan sanitaire. Alors que la natalité est valorisée, la mortalité maternelle reste élevée, en grande partie à cause des avortements clandestins. L'accès limité aux services de santé reproductive, le coût élevé des interventions, le manque de personnel formé et la stigmatisation sociale obligent de nombreuses femmes à recourir à des pratiques non sécurisées. Selon l'Afrobarometer (2021), près de quatre jeunes femmes sur dix de moins de 25 ans ont déjà eu recours à un avortement clandestin. Or, plus de 60 % des complications obstétricales en Afrique subsaharienne sont liées à des avortements pratiqués dans des conditions à risque (OMS, 2023). Au Gabon, malgré l'ouverture légale à l'IVG dans des cas précis — viol, inceste, malformation grave du fœtus ou danger pour la mère —, la détresse psychologique ou sociale n'est pas reconnue. Ce qui pousse les femmes à des pratiques dangereuses.

Pour comprendre cette contradiction, cette étude mobilise notamment le fondement théorique du contractualisme social pour analyser les tensions entre liberté individuelle et intérêt collectif. Hobbes (17e siècle) affirme que l'État doit garantir la sécurité et la stabilité, ce qui peut justifier les politiques natalistes. Locke (17e siècle) quant à lui, défend la liberté individuelle, ce qui expliquerait le droit des femmes à décider de leur reproduction. Rousseau (18e siècle) enfin, propose un compromis entre droits individuels et intérêt général. Appliqué au Gabon, l'intemporalité de ces théories est telle qu'elles aident à comprendre la tension entre natalité et autonomie des femmes, reflet d'un choix classique entre impératifs collectifs et droits reproductifs.

La santé publique et les droits humains considèrent l'accès à une IVG sécurisée comme un droit fondamental. Les politiques natalistes, centrées sur la quantité de naissances, freinent l'évolution des droits reproductifs en négligeant les réalités vécues par les femmes. Le tabou entourant l'IVG constitue un obstacle socioculturel plus qu'un obstacle juridique. Une réforme plus inclusive, intégrant la détresse psychologique et sociale, pourrait améliorer la santé publique tout en préservant les objectifs démographiques et le bien-être des familles.

Malgré la sensibilité du sujet et la rareté des données, l'étude adopte une démarche qualitative et comparative, combinant analyse documentaire et entretiens semidirectifs auprès de femmes, professionnels de santé, juristes et responsables politiques. Une approche comparative permettra de situer l'expérience gabonaise et d'identifier des pistes pour concilier natalisme et droits reproductifs.

1. Natalisme et IVG au Gabon : état de l'art

L'analyse des politiques publiques relatives à la reproduction au Gabon s'inscrit dans un contexte marqué par des dynamiques démographiques contrastées, des héritages moraux persistants et une évolution juridique récente autour de l'interruption volontaire de grossesse (IVG). Comprendre la tension entre natalisme et droit à l'IVG suppose de retracer à la fois les fondements idéologiques de la politique de population et les réalités sanitaires qui la sous-tendent.

Ce premier point propose donc un état des lieux combinant données démographiques, repères historiques et lecture critique des valeurs sociales qui façonnent la perception du corps féminin et de la maternité. Il met en lumière la façon dont le Gabon oscille entre un impératif nataliste hérité de sa trajectoire politique et le besoin contemporain de garantir aux femmes une autonomie reproductive conforme aux engagements nationaux et internationaux en matière de santé et de droits humains.

1.1. Contexte démographique, historique et moral

Le Gabon connaît une dynamique démographique contrastée. Avec un indice de fécondité avoisinant 3,39 pour le compte de l'année 2023 (worldometer), le pays se situe au-dessus de la moyenne mondiale, mais en deçà de celle de nombreux pays d'Afrique subsaharienne comme le Niger avec un taux de fécondité de 6,7 en 2023 selon le baromètre[1]. Le taux de natalité brut s'établit à 27,67 ‰ et l'espérance de vie moyenne à la naissance est de 69,7 ans, avec des écarts selon le sexe (67,98 ans pour les hommes et 71,48 ans pour les femmes)[2]. Les autorités considèrent toutefois que cette fécondité reste insuffisante pour soutenir pleinement les ambitions économiques et sociales du pays, notamment en matière de croissance démographique et de maind'œuvre qualifiée.

Parallèlement, la mortalité maternelle demeure préoccupante, avec un ratio estimé à 233 décès pour 100 000 naissances vivantes en 2023[3]. Cette situation est largement alimentée par les grossesses non désirées et les avortements pratiqués dans des conditions à risque.

Au Gabon, ces réalités compromettent directement la santé des femmes et la réalisation de plusieurs Objectifs de

---

[1] Ministère de l'Économie et du Plan (Gabon), Direction Générale de la Statistique et ICF
International, *Enquête Démographique et de Santé du Gabon (EDSG-III 2021)*, Libreville et Rockville, 2022 ; Banque mondiale, *World Development Indicators : Gabon – Fertility rate (births per woman)*, 2020 ; Nations Unies, Département des affaires économiques et sociales (UN DESA), *World Population Prospects 2022*.

[2] Wikipedia, *Demographics of Gabon*, consulté en 2025.

[3] Macrotrends, *Maternal Mortality Rate in Gabon*, 2023.

Développement Durable (ODD), en particulier l'ODD 3 sur la santé maternelle et l'ODD 5 sur l'égalité des sexes.

Les grossesses non désirées et les avortements clandestins exposent les femmes à des risques élevés d'hémorragie, d'infection et de complications chirurgicales, tandis que la stigmatisation sociale et religieuse de l'IVG limite leur autonomie reproductive et leur participation à la vie économique et sociale. Les effets indirects se font sentir sur l'ODD 1 (lutte contre la pauvreté), l'ODD 4 (éducation de qualité) et l'ODD 10 (réduction des inégalités), notamment dans les zones rurales où l'accès aux services de santé reproductive reste limité. De plus, en s'appuyant sur le plan stratégique Gabon 2025 ou encore l'agenda 2030 pour le compte des nations Unis et l'agence 2063 (l'Union Africaine) la « bonne santé et bien être » sont des piliers important pour un développement durable conséquent. Les initiatives que prônent ces programmes permettront de réduire le taux de mortalité maternelle et infantile, disposer de plateaux techniques de pointe et accessibles à tous, l'accès à l'information et aux services de santé reproductive, la lutte contre les maladies sexuellement transmissibles et les droits liés à l'avortement.

D'un point de vue historique, la politique nataliste du Gabon s'est appuyée sur la faible densité de sa population pour ériger la natalité en impératif national. Les autorités nationales ont longtemps considéré que la croissance démographique constituait un levier essentiel du développement économique et de la souveraineté politique. Ce discours s'enracine dans des représentations sociales et morales valorisant la maternité comme accomplissement féminin et devoir civique.

Dans cette perspective, la femme est d'abord perçue comme « mère de la Nation », garante de la continuité sociale et du progrès. Cette vision, profondément ancrée dans les mœurs gabonaises, confère à la maternité une valeur morale et symbolique supérieure, tout en marginalisant l'idée d'un droit individuel à disposer de son corps. Comme l'avait souligné Simone de Beauvoir (1949) : « la maternité a toujours été un service social plus qu'un acte individuel » (*Le Deuxième Sexe*, p. 208). Ce constat éclaire la situation gabonaise où la maternité, loin d'être un choix intime, demeure un enjeu collectif, inscrit au cœur du projet politique et moral de la Nation.

De même, Adrienne Rich (1976) distingue la maternité vécue de la maternité institutionnelle, façonnée par les structures de pouvoir. Ce cadre d'analyse montre comment le natalisme gabonais transforme la femme en vecteur de reproduction nationale plutôt qu'en sujet autonome. Françoise Héritier (1996), à travers le concept de valence différentielle des sexes, souligne que la société valorise davantage la fonction reproductive féminine que la femme elle-même. Enfin, Sylvia Tamale (2011) invite à interpréter ces rapports de pouvoir à la lumière des dynamiques africaines contemporaines, où la maîtrise du corps féminin devient un espace de négociation entre culture, religion et État.

À la lumière de ces analyses féministes, la politique nataliste gabonaise illustre une tension durable entre la valorisation idéologique de la fécondité et la reconnaissance des droits reproductifs des femmes.

1.2 Cadre juridique et politique : de la pénalisation à la dépénalisation partielle

Le Gabon dispose aujourd'hui d'un cadre juridique relativement progressiste en matière de droits reproductifs, bien qu'il demeure restrictif dans la pratique. La Constitution du 19 décembre 2024 consacre la natalité comme impératif national[4], tandis que la loi organique n°001/2025, promulguée

---

[4] Constitution gabonaise, 19 décembre 2024, Articles 33 et 34

5 Loi organique n°001/2025, promulguée le 22 janvier 2025, J.O. de la République gabonaise. 6 Dailymotion. Projet de Constitution : l'État affirme son attachement à la politique nataliste (Article 33), 2024.

le 22 janvier 2025[5], réaffirme la croissance démographique comme condition du développement économique et social.

Parade du 12 mars 1985 et proclamation du « Concours du plus beau bébé ».

Cette orientation nataliste qui structure les politiques publiques, s'est appuyée au fil du temps sur des mesures symboliques telles que les primes à la naissance, les concours du « plus beau bébé » ou encore les distinctions honorifiques aux mères nombreuses[6], renforçant ainsi la cohésion nationale autour de la maternité.

Dans le même temps, la révision du Code pénal 2019, modifiée en 2021, a introduit une dépénalisation partielle de l'interruption volontaire de grossesse (IVG), autorisée dans des cas limités : viol ou inceste ; malformation grave du fœtus ; danger pour la vie ou la santé de la mère ; détresse grave de la mineure. Cette évolution marque une reconnaissance du droit des femmes à décider de leur maternité.

Cependant, l'accès effectif aux services reste limité. En pratique, de nombreuses femmes confrontées à des grossesses non désirées continuent de recourir à des avortements clandestins, portant le taux de mortalité maternelle à 277 décès/100 000 naissances vivantes.

---

7 Code pénal gabonais, n°042/2018 du 5 juillet 2019, modifié par la loi n°005/2021 du 6 septembre 2021, articles relatifs à l'IVG et ITG

Tableau 1 : Rhétorique et initiatives pro-natalistes au Gabon

Rehausser la population nationale
Contexte politique : L'État affirme son attachement à la politique nataliste. Le Projet de Constitution (octobre 2024, Article 33) propose de renforcer la main-d'œuvre, consolider le développement économique et inscrire la natalité comme principe constitutionnel. Argument démographique : Selon Gabon Media Time, une population gabonaise « faible » compromettrait le développement démographique et l'influence régionale. Le gouvernement est favorable à des mesures incitatives pour relancer la natalité, telles que la mise en place d'une allocation mensuelle (un filet social) pour encourager les populations autochtones à avoir plus d'enfants et redynamiser la natalité nationale. Propositions institutionnelles : L'Union pour la Démocratie et l'Intégration Sociale (UDIS) suggère la mise en place de mesures incitatives afin de relancer la natalité au Gabon, en s'appuyant sur une politique nataliste. Analyses critiques : Certains observateurs (InsideNews241) questionnent l'efficacité d'une politique purement constitutionnelle si elle n'est pas accompagnée de mesures concrètes et d'une stratégie publique tangible. Historique : Dès les années 1970, le Gabon avait déjà mis en œuvre des allocations prénatales, primes à la naissance, congés de maternité et structures de protection maternelle. À l'époque, le discours proclamait que « les enfants sont l'espoir du Gabon » (Monde Diplomatique, 1974), montrant que la natalité a toujours été valorisée comme un pilier du développement et de la prospérité nationale.

Sources / médias cités :

Dailymotion : Discussion sur l'importance d'une politique nataliste
Gabon Media Time : articles sur la natalité et les mesures gouvernementales
InsideNews241 : analyses critiques
Monde Diplomatique (1974) : historique des mesures natalistes

Les causes sous-jacentes sont multiples : la couverture limitée et inéquitable de services de santé maternelle complets et de qualité ; faiblesse des accouchements dans des structures médicales, des soins prénataux et autres transferts d'urgence. Le taux d'utilisation des contraceptifs atteint seulement 31 %, pendant que le besoin non satisfait de contraceptifs s'élève à 26 %. Faute de moyens pour certaines et peur du jugement (surtout pour les adolescentes) pour d'autres, le recours à une IVG bien que non légale reste une une véritable option dans le pays[5].

La réforme, inspirée du Protocole de Maputo[6] (ratifié en 2005), marque une avancée juridique notable vers la reconnaissance des droits sexuels et reproductifs des femmes. Elle a été renforcée par le décret du 26 juin 2023[7], qui prévoit la prise en charge des interruptions thérapeutiques de grossesse (ITG) par la Caisse nationale d'assurance maladie et de garantie sociale (CNAMGS), facilitant l'accès médical et financier aux femmes concernées.

Cependant, l'évolution juridique se heurte à plusieurs freins persistants. Sur le plan structurel, l'accessibilité aux services de santé reproductive reste très inégale. Elle est concentrée dans les zones urbaines et reste freinée par le coût élevé des soins ainsi que le manque de personnel formé. Selon Afrobarometer (2021)[11], près de quatre jeunes femmes sur dix de moins de 25 ans auraient déjà eu recours à un avortement clandestin, souvent dans des conditions précaires.

Sur le plan légal, le dispositif demeure restrictif : les délais imposés, les procédures lourdes et les sanctions pénales (jusqu'à deux ans d'emprisonnement et un million de FCFA

---

[5] Ndembi, A. P., Mekui, J., Pheterson, G., Alblas, M., Moudounka, I. U., & Ntjam, M. C., « Les sagesfemmes et les soins après avortements au Gabon : "Les choses ont vraiment changé" »

[6] Protocole de Maputo sur les droits des femmes en Afrique, ratifié par le Gabon en 2005, Article 14.

[7] Décret du Conseil des ministres du 26 juin 2023, prise en charge des ITG par la CNAMGS. [11] Afrobarometer, Round 8, Gabon, 2021.

d'amende) entretiennent une zone grise où les droits sont reconnus mais difficilement exercés.

Enfin, les pressions socioculturelles et religieuses maintiennent une forte stigmatisation de l'IVG, perçue comme une transgression morale. Ce poids des représentations sociales confine la maternité au rôle de devoir civique, au détriment de l'autonomie reproductive des femmes.

Cette dualité — entre promotion de la natalité et reconnaissance partielle du droit à l'avortement — traduit un véritable paradoxe des politiques publiques. L'État, tout en cherchant à accroître la population pour des objectifs collectifs, tente d'intégrer les revendications contemporaines en matière de santé et de droits humains. Sur le plan de la santé publique, ce paradoxe contribue à maintenir un taux élevé de mortalité maternelle, conséquence directe des avortements non sécurisés et du manque de services adaptés.

Face à ces défis, plusieurs pistes s'imposent. D'abord le renforcement de la disponibilité et l'accessibilité des services de santé reproductive sur l'ensemble du territoire qu'accompagne une amélioration de la formation des professionnels de santé. Ensuite une promotion et sensibilisation communautaire pour réduire la stigmatisation et élargir progressivement les conditions légales d'accès à l'IVG, notamment en intégrant la détresse psychologique et sociale. Enfin, un renforcement de la production de données fiables s'impose pour orienter les politiques publiques selon les réalités vécues par les femmes.

1.3. Enjeux socioculturels et philosophiques

La question de l'interruption volontaire de grossesse (IVG) au Gabon ne saurait être comprise indépendamment du système de valeurs qui structure la société gabonaise. La maternité y demeure au cœur des représentations identitaires et sociales, valorisée comme symbole de continuité familiale, de fécondité et de réussite féminine[8]. Dans cet imaginaire collectif, refuser la maternité ou interrompre une grossesse est souvent perçu comme une transgression morale, voire une atteinte à l'ordre communautaire. L'acceptabilité de l'IVG dépend ainsi d'un ensemble de facteurs religieux, culturels, économiques et politiques. Les traditions locales, tout comme les discours religieux dominants (chrétien et musulman), tendent à assimiler la grossesse à une obligation morale et à sanctuariser la vie dès la conception[9]. Ces référentiels normatifs influencent les représentations sociales du corps féminin, considéré comme support de reproduction et garant de la survie du groupe, plutôt que comme espace d'autonomie individuelle.

Sur le plan philosophique et féministe, cette tension se traduit par une opposition entre deux paradigmes : d'un côté, une conception communautaire du corps féminin, où la maternité relève du devoir social et du bien commun ; de l'autre, une approche émancipatrice, fondée sur les droits sexuels et reproductifs, qui reconnaît à la femme la pleine souveraineté sur son corps[10].

La dépénalisation partielle de l'IVG marque ainsi une rupture symbolique dans les conduites sociales, introduisant dans le droit positif la reconnaissance d'une autonomie reproductive, jusque-là marginalisée. Toutefois, cette évolution juridique se heurte à la persistance d'un imaginaire nataliste et à des représentations morales profondément enracinées, qui limitent l'appropriation sociale du

---

[8] Ondo Mebiame, M. (2018). Femmes, corps et reproduction au Gabon : entre normes sociales et enjeux politiques. Libreville : Presses Universitaires du Gabon.

[9] Nzengue, A. (2020). Religion et sexualité féminine en Afrique centrale : les ambivalences de la morale reproductive au Gabon. Revue Gabonaise de Sociologie, vol. 7, n° 2, p. 45-61.

[10] Nna Nkoué, J. (2022). *Genre, morale et santé publique au Gabon : lecture critique de la dépénalisation de l'avortement. Cahiers Africains de Philosophie Sociale*, n° 5, p. 102-118.

changement. Ce paradoxe illustre la lenteur avec laquelle s'opère la transition culturelle et normative : la société gabonaise oscille entre la valorisation du rôle maternel comme fondement de la nation et la montée d'un discours sur l'égalité et la liberté individuelle. La question de l'IVG devient dès lors un espace de confrontation entre modernité et tradition, entre biopolitique de la reproduction et affirmation des droits fondamentaux.

La cohabitation entre natalisme étatique et dépénalisation partielle de l'IVG révèle les tensions structurelles entre impératifs démographiques et droits des femmes. La partie suivante examinera les limites et contradictions de cette politique, en mettant l'accent sur ses implications sanitaires, juridiques et socioculturelles.

2. Limites de la politique nataliste face à la dépénalisation de l'IVG

La dépénalisation partielle de l'IVG met en évidence les limites concrètes de la politique nataliste au Gabon. Cette partie analyse successivement : les contradictions entre impératifs démographiques et droits individuels, les contraintes du cadre légal restrictif, et les freins socioculturels et institutionnels qui entravent l'accès effectif à une IVG sécurisée.

2.1. Un paradoxe entre impératif démographique et autonomie reproductive

Au Gabon, les femmes sont confrontées à une tension fondamentale entre la loi, qui reconnaît partiellement leurs droits reproductifs, et les mœurs, qui sacralisent la maternité. Cette dissonance normative — où l'évolution du cadre juridique ne comble pas le fossé culturel — piège les femmes, leur offrant un droit sur le papier tout en les exposant à l'ostracisme social si elles l'exercent. La conséquence la plus alarmante est le recours massif à l'avortement clandestin.

Le cœur du problème réside dans un paradoxe légal et moral. D'un côté, l'impératif nataliste valorise la maternité comme un devoir civique, rendant l'IVG socialement répréhensible. De l'autre, l'État a introduit une reconnaissance juridique incomplète, limitant la dépénalisation aux cas de détresse avérée (danger, viol, inceste). Malgré cette ouverture, une majorité de Gabonais reste favorable aux sanctions pénales pour les IVG non justifiées, percevant l'acte comme une « faute » ou une « déviance » à condamner.

Même lorsque l'IVG est légalement permise, l'accès reste un parcours d'obstacles qui alimente la clandestinité. La principale difficulté est la barrière sociale de la stigmatisation. La peur du jugement moral (familial ou communautaire) et le rejet médical (objection de conscience des soignants) forcent au secret. De plus, les barrières pratiques et financières sont dissuasives : les délais stricts, la complexité des procédures et le coût élevé créent une forte inégalité, rendant l'IVG sécurisée inaccessible aux plus vulnérables.

L'accumulation de ces facteurs est un échec pour la santé publique. En transformant le droit légal en un parcours risqué et secret, le système conduit inéluctablement les femmes à l'avortement clandestin et non sécurisé, qui demeure une cause majeure de mortalité maternelle dans la région. Pour que la dépénalisation partielle devienne effective, le Gabon doit s'attaquer au-delà du Code pénal, en travaillant activement sur le Code social par l'éducation, la sensibilisation et l'amélioration radicale de l'accès aux services.

2.2. Un cadre légal progressiste, mais socialement contrarié

Malgré la révision du Code pénal en 2019 et 2021, autorisant l'IVG dans des cas spécifiques tels que le viol, l'inceste, la malformation grave du fœtus, le danger pour la mère ou la détresse grave de la mineure, l'accès à ces services reste limité. Les délais légaux stricts, les procédures complexes, le coût élevé des interventions médicalisées et la concentration des services dans les zones urbaines constituent des obstacles majeurs. Parallèlement, la stigmatisation sociale et religieuse continue de dissuader les femmes de recourir aux structures autorisées, entraînant un recours massif à la clandestinité.

Selon une étude de Mapiya (2023), quatre filles sur dix de moins de 25 ans ont déjà pratiqué l'avortement clandestin au Gabon (afrobarometer.org). Cette situation reflète un décalage entre la norme juridique et la norme morale : bien que la loi reconnaisse les droits reproductifs des femmes, les normes sociales et culturelles, profondément ancrées, n'évoluent pas au même rythme. La maternité reste valorisée comme un devoir moral et civique, et la transgression de cette norme par l'IVG demeure perçue comme une faute sociale.

Ce paradoxe entre reconnaissance légale et réalité sociale limite l'exercice effectif des droits reproductifs et compromet la santé et l'autonomie des femmes. Il est donc impératif de repenser les politiques publiques pour concilier natalité, droits reproductifs et santé maternelle, en intégrant pleinement les droits des femmes dans les stratégies nationales de développement.

2.3. Les freins socioculturels et institutionnels

Des freins socioculturels et institutionnels au Gabon neutralisent la dépénalisation partielle de l'IVG, créant un paradoxe d'accès dévastateur.

La loi se heurte à une résistance des mœurs qui maintient un fort contrôle social sur le corps féminin. La valorisation traditionnelle de la maternité, renforcée par les politiques natalistes, fait que l'avortement reste lourdement stigmatisé. La honte, la culpabilité et la peur du jugement qui en découlent dissuadent les femmes de chercher les services légaux. Ce silence social complique l'obtention de données fiables sur les IVG et empêche l'élaboration de politiques publiques réellement efficaces. La dépénalisation est ainsi perçue comme un simple acte juridique n'ayant pas entraîné de transformation morale complète dans les représentations collectives.

À cette résistance culturelle s'ajoutent des contraintes institutionnelles et économiques majeures. L'offre de soins sécurisés est faible en raison du manque d'infrastructures, de personnel qualifié, et de la concentration des services dans les zones urbaines. Surtout, le coût élevé des interventions médicalisées crée une barrière économique infranchissable pour les femmes vulnérables. Ces obstacles pratiques creusent l'écart entre le cadre légal et la réalité des pratiques, neutralisant l'exercice effectif des droits reproductifs. En conséquence, la reconnaissance légale de l'IVG ne se traduit pas par un accès réel et sécurisé, poussant un grand nombre de femmes vers des avortements clandestins et à haut risque.

3. Perspectives : vers un équilibre entre morale publique, natalité et droits reproductifs

La tension entre promotion de la natalité et reconnaissance partielle du droit à l'IVG met en lumière les limites du cadre actuel. Après la dépénalisation partielle de 2019 – 2021, le défi n'est plus seulement juridique, mais surtout politique, social et culturel. Il s'agit désormais de repenser la politique nataliste gabonaise afin de concilier impératifs démographiques et respect effectif des droits reproductifs des femmes. Cette partie propose des pistes de réflexion et d'action pour une politique publique plus cohérente, équitable et ancrée dans les réalités nationales.

3.1. Repenser la politique nataliste

Pour sortir du paradoxe, la politique nataliste devrait intégrer une vision holistique de la santé reproductive, axée sur la dignité, l'autonomie et le bien-être des femmes. Le natalisme ne devrait plus se limiter à l'augmentation quantitative des naissances, mais viser l'amélioration qualitative des conditions de vie.

Le défi actuel du Gabon consiste à concilier la politique nataliste avec la reconnaissance effective des droits reproductifs des femmes. Si la Constitution de 2024 fait de la natalité un impératif national, cette orientation doit désormais intégrer la liberté reproductive comme condition du développement humain : promouvoir la maternité ne peut se faire au détriment du choix des femmes.

Il s'agit de passer d'une logique centrée sur le nombre de naissances à une approche axée sur la santé maternelle, mais pas seulement. Certes, c'est une condition nécessaire car elle englobe la réduction de la mortalité et de la morbidité liées à la grossesse et à l'accouchement, l'accès à des soins prénatals et postnatals de qualité, et la prévention des complications obstétricales. C'est un indicateur fondamental de la qualité des services de santé et du bien-être des femmes. Sans cela, les politiques de santé reproductive manquent de crédibilité : si les femmes ne survivent pas ou souffrent de complications sévères, la promotion de droits reproductifs reste théorique. Mais à elle seule, la santé maternelle n'est pas suffisante. Le bien-être des mères et des enfants, et la qualité de vie des familles doivent impérativement être pris en compte dans une approche globale. Cette riposte démographique repose sur trois axes essentiels dont le premier s'efforce de garantir la gratuité et la disponibilité des contraceptifs, renforcer les soins post-avortement et mener des campagnes de sensibilisation pour lutter contre la stigmatisation. Le second axe s'attèlerait à mettre en place des allocations ciblées, crèches, congés parentaux et mesures d'équité territoriale pour réduire le coût de l'enfant. Enfin, une réforme légale et bonne gouvernance viendrait clarifier et élargir progressivement l'accès à l'IVG (), renforcer la formation des professionnels de santé et impliquer les acteurs communautaires et religieux pour favoriser l'acceptabilité sociale.

Les principes directeurs de cette stratégie reposent sur la primauté accordée à la santé et aux droits. Axée sur la qualité de vie, elle privilégie le capital humain et les conditions de vie, en incluant les zones rurales et les populations défavorisées, sur la base de données fiables et d'indicateurs clairs. L'approche implique l'intégration de tous les acteurs — femmes, jeunes et communautés — dans la conception et l'évaluation des politiques.

Ce rééquilibrage vise à réduire la mortalité maternelle et les complications évitables.

La prévention s'avère moins coûteuse que la prise en charge des urgences et séquelles. Par souci de justice sociale, le droit à l'autonomie et la réduction des inégalités — notamment pour les jeunes, les femmes rurales et les plus pauvres — sont prioritaires. Enfin, des familles mieux soutenues constituent un indicateur de développement qualitatif plus stable qu'une simple augmentation quantitative des naissances.

3.2. Promouvoir un changement de mœurs

La dépénalisation de l'IVG, bien que juridiquement acquise, ne saurait être pleinement effective sans une transformation profonde des mentalités. Au Gabon, la maternité demeure fortement valorisée comme un devoir moral et civique, tandis que l'avortement reste perçu, dans l'imaginaire collectif, comme une transgression sociale. Cette tension entre norme légale et norme morale freine l'application réelle du droit à l'IVG.

Promouvoir un changement de mœurs suppose donc une action culturelle, éducative et symbolique. Il s'agit d'abord de renforcer l'éducation sexuelle et reproductive dès le milieu scolaire et communautaire, en y intégrant des messages adaptés au contexte socioculturel. Les campagnes publiques de sensibilisation devraient associer les médias, les leaders religieux et traditionnels, ainsi que les associations de femmes et de jeunes, afin de déconstruire les tabous autour de l'avortement et de la contraception. Les dialogues intergénérationnels et religieux sont essentiels pour favoriser une compréhension partagée des enjeux de santé reproductive, en mettant l'accent sur la protection de la vie et de la santé plutôt que sur la culpabilité morale. La représentation équilibrée des femmes dans les médias, la mise en avant de témoignages et d'expertises locales, ainsi que la diffusion d'informations scientifiques claires peuvent contribuer à requalifier l'avortement médicalisé comme un soin de santé, et non comme une faute morale.

En somme, la réussite d'une politique reproductive inclusive dépend autant du cadre législatif que de la transformation des normes sociales. L'évolution des mentalités, soutenue par une pédagogie culturelle et communautaire, constitue la condition nécessaire à l'appropriation du droit à l'IVG et, plus largement, à la promotion d'une citoyenneté reproductive pleine et entière.

3.3. Lutter contre la stigmatisation et renforcer le suivi des données

Au Gabon, la stigmatisation de l'avortement entraîne exclusion et discrimination des femmes, perçues comme déviantes lorsqu'elles y recourent. Ce phénomène constitue un obstacle majeur à l'exercice effectif des droits reproductifs, nourrissant le silence, la culpabilisation et le recours à des pratiques clandestines dangereuses pour la santé des femmes.

Pour y remédier, il est nécessaire de renforcer les campagnes de sensibilisation et le dialogue communautaire, en impliquant les leaders locaux, les associations de femmes et les professionnels de santé. L'objectif est de déconstruire et dédramatiser les tabous, relativiser les restrictions culturelles et religieuses, de promouvoir une vision inclusive de la santé reproductive et de normaliser l'accès à l'IVG et à la contraception comme composantes essentielles de la justice sociale et de la santé publique.

Par ailleurs, le suivi et la production de données fiables sur les grossesses, les avortements et la santé maternelle restent insuffisants. Les statistiques disponibles sont souvent anciennes, partielles ou difficiles à actualiser, compliquant l'évaluation des politiques publiques. La mise en place d'un système rigoureux de collecte et d'analyse de données, incluant l'IVG clandestine, apparaît indispensable pour mesurer l'impact réel des politiques de santé reproductive et adapter les interventions aux besoins des femmes.

Conclusion

L'évolution du cadre juridique de l'IVG au Gabon (réforme du Code pénal 2019-2021) représente une avancée symbolique vers la reconnaissance des droits reproductifs. Cependant, cette dépénalisation partielle reste largement inappliquée et fragile. Le cœur du paradoxe gabonais réside dans la tension persistante entre un natalisme d'État — toujours valorisé comme moteur de développement — et l'autonomie reproductive des femmes, encore perçue comme une transgression morale.

L'analyse démontre que la loi seule ne suffit pas. La persistance des tabous sociaux, la valorisation quasi sacrée de la maternité, la stigmatisation et un déficit criant d'infrastructures sanitaires bloquent l'accès effectif à l'IVG sécurisée, surtout en milieu rural. Par conséquent, le recours élevé à l'avortement clandestin compromet la santé maternelle et freine la réalisation des Objectifs de développement durable (ODD) relatifs à l'égalité des sexes et à la santé.

Face à ce constat, une refondation de la politique nataliste est impérative. Celle-ci doit passer d'une approche quantitative (multiplier les naissances) à une approche qualitative, axée sur la santé, le bien-être et l'autonomie des familles. Cela requiert un investissement dans la contraception, l'éducation sexuelle, le soutien socioéconomique et la gouvernance inclusive.

Au-delà des réformes institutionnelles, un changement de regard est nécessaire. L'IVG doit être repositionnée, du pont de vu de l'éthique et culturellement, comme un soin de santé relevant du droit fondamental à la dignité et à la liberté de choix, et non comme une faute morale. Garantir aux femmes le plein exercice de leurs droits reproductifs, c'est réconcilier la politique nataliste avec la justice sociale et le développement humain. Une natalité choisie, soutenue et accompagnée est la seule voie vers une croissance démographique stable, inclusive et véritablement porteuse d'avenir pour le Gabon.

Bibliographie

I. Références philosophiques, théoriques et universitaires

Badinter, E. (1980). L'amour en plus : Histoire de l'amour maternel (XVIIe-XXe siècle). Paris : Flammarion.

Beauvoir, S. de. (1949). Le Deuxième Sexe. Paris : Gallimard.

Héritier, F. (1996). Masculin/Féminin : La pensée de la différence. Paris : Odile Jacob. Hobbes, T. (1651/2008). Le Léviathan. (Trad. F. Tricaud). Paris : Dalloz.

Locke, J. (1689/1994). Deux traités du gouvernement. (Trad. J.-F. Spitz). Paris : Presses Universitaires de France.

Longo, A. (2020). La protection maternelle et infantile au Gabon des années 1930 aux années 1970. Espace, territoires, sociétés et santé, (3).

Ndembi, A. P., Mekui, J., Pheterson, G., Alblas, M., Moudounka, I. U., & Ntjam, M. C. (2019). Les sages-femmes et les soins après avortement au Gabon : « Les choses ont vraiment changé ». Health and Human Rights Journal, 21(2), 145–155. https://cdn1.sph.harvard.edu/wp-content/uploads/sites/2469/2019/12/Pheterson.pdf Nna Nkoué, J. (2022). Genre, morale et santé publique au Gabon : lecture critique de la dépénalisation de l'avortement. Cahiers Africains de Philosophie Sociale, (5), 102118.

Nzengue, A. (2020). Religion et sexualité féminine en Afrique centrale : les ambivalences de la morale reproductive au Gabon. Revue Gabonaise de Sociologie, 7 (2), 45-61.

Ondo Mebiame, M. (2018). Femmes, corps et reproduction au Gabon : entre normes sociales et enjeux politiques. Libreville : Presses Universitaires du Gabon.

Rich, A. (1976). Of Woman Born: Motherhood as Experience and Institution. New Rousseau, J.-J. (1762/1964). Du contrat social. In J. Starobinski (Éd.), Œuvres complètes (Tome III). Paris : Gallimard (Bibliothèque de la Pléiade).

Tamale, S. (2011). African Sexualities: A Reader. Cape Town : Pambazuka Press. York : W. W. Norton & Company.

II. Sources institutionnelles et juridiques gabonaises

Conseil des ministres du Gabon. (2023, 26 juin). Décret concernant la prise en charge des ITG. Libreville : République gabonaise.

Ministère de l'Économie et du Plan (Gabon), Direction Générale de la Statistique & ICF International. (2022). Enquête Démographique et de Santé du Gabon (EDSG-III 2021). Libreville, Gabon, et Rockville, Maryland, USA : MEP et ICF.

Ministère de la Santé. (2023, juillet). Plan national de développement sanitaire (PNDS) 2024–2028. Libreville : Ministère de la Santé.
Ministère gabonais de la Santé & Institut de la Population et de la Santé (IPS). (2023). Rapport sur les avortements clandestins et la santé maternelle au Gabon. Libreville.
République gabonaise. (2017). Code de protection sociale. https://www.droitafrique.com
République gabonaise. (2019). Loi n°042/2018 du 5 juillet 2019 portant Code pénal. Libreville : République gabonaise.
République gabonaise. (2021, 6 septembre). Loi n°005/2021 portant révision du Code pénal. Libreville : République gabonaise.
République gabonaise. (2023). Code de sécurité sociale (Décret d'application). Libreville : République gabonaise.
République gabonaise. (2025, 22 janvier). Loi organique n°001/2025 relative à l'interruption volontaire de grossesse. Décret n° 0073/PR, décision n° 002/CCT de la Cour constitutionnelle de la Transition.

III. Organisations internationales et rapports multilatéraux
Banque mondiale. (2020). World Development Indicators : Gabon – Fertility rate (births per woman). https://data.worldbank.org
Fonds des Nations Unies pour la population (UNFPA). (2022). Santé maternelle et droits reproductifs au Gabon : données issues de l'EDS-Gabon 2021. Libreville : UNFPA.
Fonds des Nations Unies pour la population (UNFPA-Gabon). (2022). Plan stratégique 2022–2025. Libreville : UNFPA.
Nations Unies, Département des affaires économiques et sociales (UN DESA). (2022). World Population Prospects : The 2022 Revision. New York : United Nations. Organisation mondiale de la santé (OMS). (2023). Statistiques sur la mortalité maternelle en Afrique subsaharienne. Genève : OMS.
Programme des Nations Unies pour le développement (PNUD). (2022). Étude sur la budgétisation sensible au genre au Gabon. Libreville : PNUD.
Programme des Nations Unies pour le développement (PNUD). (2023). Rapport mondial sur le développement humain 2023–2024. New York : PNUD.

IV. Sources statistiques et démographiques
Direction générale de la statistique du Gabon. (2023). Troisième Enquête Démographique et de Santé 2019–2021 (Rapport final). Libreville : République gabonaise.

https://instatgabon.org/uploads/folder_1/Gabon-DHS-2019-21-Final-Report-web-version-with-cover-01Jun2023.pdf
Mapiya, G. (2023). La majorité des Gabonais sont favorables à un accès aux contraceptifs sans limite d'âge ni de statut marital [Rapport Afrobarometer n° AD907]. Accra : Afrobarometer.
Macrotrends. (2025). Maternal Mortality Rate in Gabon (1960–2023). Consulté en octobre 2025. https://www.macrotrends.net/countries/GAB/gabon/maternal-mortalityrate
The New Humanitarian. (2023). Rapport sur la mortalité maternelle et la prévalence des avortements clandestins au Gabon. https://thenewhumanitarian.org
Wikipedia. (2025). Demographics of Gabon. Consulté en octobre 2025. https://en.wikipedia.org/wiki/Demographics_of_Gabon

V. Sources médiatiques et en ligne

Gabon Media Time. (2023, 23 juillet). Le gouvernement favorable à une politique nataliste. https://gabonmediatime.com
Gabon Media Time. (2023, 23 juillet). L'UDIS propose la mise en place d'une allocation pour booster la natalité. https://gabonmediatime.com
Gabon Media Time. (2024). Articles relatifs à la natalité et aux droits reproductifs au Gabon. https://gabonmediatime.com
Info241. (2024). Articles et données statistiques sur la santé reproductive au Gabon. https://info241.com
InsideNews 241. (2024). Projet de Constitution : le natalisme, entre principe symbolique et réalité politique. https://insidenews241.com
Dailymotion. (2024, octobre). Projet de Constitution : l'État affirme son attachement à la politique nataliste (Article 33) [Vidéo]. https://www.dailymotion.com
Sylvia Bongo Ondimba. (s.d.). Site officiel. http://www.sylviabongoondimba.org/

VI. Sources historiques et discursives locales

Bongo, O. (1978, juillet). Le président de la République s'adresse aux mères gabonaises. Akassi : Revue des femmes gabonaises, 1–9.
Bongo Ondimba, O. (1985, août). Interview du président de la République. Femmes Gabonaises, Spécial décennie de la femme, 3–4.

II.

Mentalisation et loi (N°005/2021) sur l'avortement : cas des étudiants de l'UOB

NTSAME MBOULOU CHIMÈNE
Maître-Assistant CAMES en Psychologie clinique et Psychopathologie
UOB
MALOUTA CATHERINE OLIVIA
Maître-Assistant CAMES en Psychologie clinique et Psychopathologie
UOB

Introduction

Avec une population estimée à 2 437 000 habitants par la Banque mondiale, le Gabon fait partie des pays les moins peuplés d'Afrique. À cet effet, il opte depuis son indépendance pour une politique nataliste renforcée par des lois condamnant fermement l'avortement. L'avortement reste encore aujourd'hui une problématique de santé publique touchant à la santé reproductive et sexuelle de la femme. Dans le code pénal de 1963, les articles 244 et 245 de la loi n° 21/63 interdisaient strictement toutes formes d'avortement et prévoyaient des peines allant jusqu'à 5 ans d'emprisonnement et 500 000 francs d'amende pour tous contrevenants, et jusqu'à 2 ans d'emprisonnement et 240 000 francs pour les femmes ayant avorté. Cette loi qui a prévalu durant des décennies a été abrogée en 2003, date à laquelle le Gabon a signé et ratifié le protocole de Maputo relatif aux droits des femmes. Pour autant, c'est véritablement par la loi du 5 juillet 2019 portant code pénal, que le corpus législatif gabonais octroie indirectement un droit à l'avortement. Quelles sont alors les réformes de la loi de 2019 à nos jours qui rendent plus souple la pratique de l'IVG ?

Dans la loi n°042/2018 du 5 juillet 2019, l'acte d'Interruption Médicale de Grossesse (IMG) ou d'Interruption Thérapeutique de Grossesse (ITG) peut être applicable uniquement selon les conditions suivantes : compromission de la vie maternelle, malformations graves ou incurables de l'enfant à naître, état de détresse grave de la mineure enceinte.

Pour la loi n°005/2021 du 6 septembre 2021, l'interruption de grossesse autorisée (IGA) ne devrait pas répondre uniquement à une nécessité médicale, mais aussi et surtout répondre à un « motif psychologique ». Dans cette loi, le concept de « mineure », jugé trop discriminatoire à l'égard des femmes majeures enceintes, et l'adjectif « grave » qualifiant « l'état de détresse » ont été supprimé, de même que l'avis médical permettant d'en attester. Selon le législateur, seule la femme enceinte serait à même de juger de la réalité et du degré de son état de détresse.

Si la loi n°005/2021 sur l'avortement ouvre de nouvelles perspectives pour les femmes en matière de santé reproductive, elle soulève toutefois des questionnements complexes sur la manière dont cette évolution est mentalisée par la population, notamment par les jeunes adultes du point de vue psychologique. Certaines s'interrogent sur la mise en pratique de cette loi par les médecins dans les conditions prévues par le législateur. De même la question d'« état de détresse » reste très floue pour ces jeunes étudiants. C'est aussi le cas entre l'avortement sécurisé et la morale. Pour ces derniers, l'avortement volontaire en cas de détresse, pourrait-il encore être considéré comme un péché ?

La présente recherche porte sur la mentalisation par les étudiants de la loi n°005/2021 sur l'avortement au Gabon. Elle trouve son intérêt dans la persistance des avortements clandestins, malgré la promulgation de la nouvelle loi qui encadre cet acte et les valeurs culturelles et religieuses qui s'y opposent. Sur le plan scientifique, à ce jour, peu de travaux en psychologie clinique, d'approche psychanalytique, se sont intéressés à la manière dont les étudiants gabonais pourraient intérioriser cette loi et comment cela pourrait influencer leurs conduites. La plupart des travaux abordent la question d'un point de vue juridique, moral ou social, mais rarement sous l'angle des processus psychiques et des représentations inconscientes. En ce sens, notre travail participe à combler ce vide en proposant une lecture psychanalytique de la mentalisation de la loi sur l'avortement.

Peut-on penser que les valeurs religieuses et culturelles peuvent entraîner une non applicabilité de la loi ?

Pour Akoto E. (1990) la religion diffuse un certain nombre de valeurs morales et règles éthiques qui gouvernent la vie des fidèles sur le plan comportemental et psychique. La plupart des religions condamnent l'avortement vu comme un pêché grave. Dans cet ordre d'idée le Pape Benoit XVI (2007) dans une approche interculturelle rappelle que dans la tradition africaine, la vie est perçue en tant que réalité visible et invisible qui englobe les vivants, les ancêtres, les enfants à naître, toute la création et tous les êtres. La vie est ainsi respectée et l'enfant est un être sacré source de richesse et de bonheur. Dans la même perspective, Bankole et al. (2020) soulignent que la perception de l'IVG comme un péché grave demeure un frein à sa légalisation dans de nombreux pays d'Afrique subsaharienne.

Dans le même ordre d'idées, Koumba Mboula (2024, p.16), traditionaliste, faisant partie de l'Association Culturelle NGIENU, souligne que nos ancêtres possédaient une profonde connaissance de Dieu et distinguaient le bien du mal. C'est la preuve, s'il en fallait, que les traditions gabonaises, en particulier et africaines, en général, étaient bien organisées. Dès la petite enfance, les garçons et les filles étaient encadrés par la communauté et orientés aussi bien moralement que spirituellement. L'avortement s'attaque aux fondements des sociétés africaines, où l'enfant apparaît comme une bénédiction et une garantie de la survie de la famille et du clan. Ces rites initiatiques structurent l'identité et la moralité et condamnent fermement par la même occasion toute atteinte à la vie naissante. Des figures religieuses influentes s'inscrivent dans la même dynamique de défense de la vie humaine. Ngoua Mbina, prophète de l'Église de la Lumière Chrétienne, assimile la légalisation de l'IVG à un « génocide légal », qui mettrait en péril les fondements spirituels et moraux du pays (Rapport GCG/IRSH, 2024).

Lors de nos campagnes de sensibilisations sur les risques des avortements clandestins et sur la vulgarisation de la nouvelle la loi n°005/2021 sur l'avortement en tant que membres de l'ONG Réseau d'Afrique Centrale pour la Santé Reproductive des femmes (GCG), nous avons constaté une résistance chez les jeunes quant à son applicabilité.

L'objectif de cette étude est donc de mettre en lumière les dynamiques psychiques et émotionnelles qui sous-tendent la mentalisation de la nouvelle loi sur l'avortement chez les étudiants.

Question de départ : Comment comprendre les représentations mentales et les mécanismes sous-jacents de la loi n°005/2021 sur l'avortement chez les étudiants gabonais du département de psychologie de l'Université Omar Bongo ?

Hypothèse : Au regard du contexte culturel, du cadre familial avec des valeurs fortes et de la mouvance religieuse dans lesquels ils évoluent, et de la rigidité du surmoi et des conflits psychiques, les étudiants pourraient avoir des difficultés à mentaliser la nouvelle loi sur l'avortement.

La réflexion s'articulera en cinq parties : dans un premier temps, il s'agit d'aborder le cadre conceptuel, dans le second, les théories pouvant nous permettre de justifier la mentalisation ou non de la loi, dans le troisième temps, nous présentons une méthodologie mixte pour recueillir des données qualitatives et quantitatives. Enfin, dans le quatrième et cinquième temps, il s'agit d'exposer les résultats obtenus et la discussion.

1. Approche conceptuelle

1.1. Mentalisation

Pour Fonagy et al. (1991), la mentalisation se construit dès l'enfance, à travers l'attachement parental. Un enfant bénéficiant d'un lien sécurisant développera une meilleure capacité de mentalisation, devant permettre une gestion plus sereine des conflits internes et des interactions sociales. La mentalisation se définit comme la capacité d'un individu à attribuer des états mentaux (pensées, émotions, intentions) à soi-même et aux autres afin de comprendre et de prédire les comportements (Fonagy et Target, 1997). Cette capacité joue un rôle clé dans la régulation des affects et l'adaptation sociale. Ainsi la mentalisation de la loi n°005/2021 pourrait favoriser le choix de l'avortement sécure au détriment de celui pratiqué clandestinement.

Cette approche est complétée par les travaux de Guignard (2001), pour qui la mentalisation renvoie à la mise en sens des expériences psychiques. Il s'agit d'un mécanisme central dans la construction de l'identité qui doit pouvoir permettre à l'individu de transformer ses affects bruts en représentations psychiques partageables. Pour Defer et al. (2019), le défaut de mentalisation traduit l'incapacité à élaborer et symboliser les informations dans la dynamique psychique. Ce qui pourrait expliquer le choix de l'avortement clandestin malgré l'assouplissement de la loi.

Ainsi, la mentalisation joue un rôle fondamental dans la compréhension et l'acceptation des évolutions sociétales. Dans le cas de la loi n°005/2021 sur l'avortement au Gabon, les conflits psychiques générés par les contradictions entre valeurs ancestrales et nouvelles normes législatives illustrent un processus de mentalisation en tension.

1.2. Passage à l'acte

Freud (1914) définit le passage à l'acte comme une mise en action de quelque chose que le sujet a oublié et réprimé, mais qu'il reproduit, sans savoir qu'il s'agit alors d'une répétition. Quant à Lacan (1963), il le définit comme un acte sans parole et qui n'a pas de sens. Celui-ci traduirait une intolérance à la frustration, une recherche d'une confrontation à la loi, une identification du sujet à l'objet et une fragilité des limites du Moi ; un franchissement entre une position et une autre, une faillite de la pensée, une tentative pour rompre un état de tension psychique intolérable. Le passage à l'acte est pour Lacan (1967) résolutoire de l'angoisse. Il vient protéger le sujet d'une angoisse, d'une menace externe ou interne, en prévenant l'entrée en relation précipitée dans l'ici et maintenant, dans une violence équivalente à son angoisse.

En ayant une grossesse, la femme ou la jeune fille peut se trouver dans une angoisse qui menace son homéostasie psychique. Cette angoisse est d'autant plus forte si le sujet n'a pas encore mentalisé la loi. Ainsi l'absence de mentalisation de la loi est susceptible d'entrainer le passage à l'acte, c'est-à-dire à l'avortement clandestin.

Malgré les lois qui prônent un avortement sécurisé, plusieurs femmes ont recours à l'avortement clandestin en faisant fi des conséquences sur leur santé. Pour ces dernières, la loi reste très punitive sans conditions. Plusieurs raisons pourraient expliquer le choix de l'avortement clandestin chez la femme. Mbugua (1999), pointe du doigt : le manque d'informations sur la reproduction biologique, le tabou autour de l'éducation sexuelle et la peur de la déscolarisation comme principales motivations de l'avortement clandestin chez les adolescentes. Par ailleurs, pour Ilama Mombot (2019), les raisons d'un avortement sont multiples notamment la pauvreté, la honte, la peur, le refus de paternité et de maternité, le manque de soutien des proches et le déni de grossesse du géniteur. En 2022, lors d'une étude menée sur l'IVG et le passage à l'acte chez les adolescentes de Lambaréné, Malouta et Ntsame Mboulou ont conclu que « certaines femmes enceintes envahies par le sentiment de peur : peur des parents ; peur d'être jugé ; peur de se faire tuer par les parents ; peur d'être expulsées du cocon familial. » (p137) ont recours aux avortements non sécurisés.

2. Approche théorique

2.1. Théorie du lien social et des origines de la culture de Freud

L'approche théorique mobilisée pour éclairer notre étude s'appuie sur la théorie du lien social et les origines de la culture que Freud développe dans ses travaux (1913 ; 1920 ; 1930…). Dans *Totem et Tabou* (1913), Sigmund Freud explore les origines des interdits sociaux et des structures morales à travers une perspective psychanalytique. Pour lui, le tabou repose sur deux significations opposées : d'une part ce qui est sacré, à savoir protéger les enfants à naître ou les bébés, et d'autre part ce qui est inquiétant, dangereux comme la puissance des démons.

Il propose dans *Malaise dans la civilisation* (1930) que la culture émerge de la nécessité pour l'individu de réprimer ses instincts primitifs afin de maintenir la cohésion sociale. La culture, en imposant des interdits et des valeurs, façonne le surmoi, qui constitue la voix de la conscience morale. Dans le contexte gabonais, où la religion et les valeurs familiales jouent un rôle central, le surmoi peut devenir particulièrement rigide et générer des conflits psychiques si la loi sur l'avortement entre en contradiction avec ces valeurs. La difficulté à mentaliser cette nouvelle loi pourrait ainsi résulter d'un conflit entre le surmoi, fortement enraciné dans la culture religieuse et familiale, et les exigences de la loi moderne, ce qui pourrait se manifester par une rigidité psychique, voire une anxiété ou une opposition inconsciente.

2.2. Théorie de l'angoisse

Freud a développé deux théories sur l'angoisse. La première élaborée entre 1894 et 1925 porte sur la sexualité. Cette notion ne désigne pas le sexuel, mais l'économie libidinale au sens d'investissement de la relation à soi et à l'autre. Selon lui, l'angoisse serait la conséquence d'une accumulation de tension liée aux pulsions dont la décharge aurait été entravée. Ici l'angoisse est secondaire au refoulement, elle est liée à une perte de la représentation. C'est à partir de 1926, que Freud va repenser sa théorie de l'angoisse et lui consacrer un ouvrage important *Inhibition, symptôme et angoisse*. Pour lui, l'angoisse émane d'un conflit psychique entre les exigences du ça et celles du surmoi, entre le principe de réalité et le principe plaisir. Cette angoisse agit comme un signal, avertissant le moi, d'un danger provenant du ça ou du surmoi. Dans cette seconde théorie l'angoisse est un processus de défense. Il précède le refoulement contrairement à la conception première.

Dans le contexte de la nouvelle loi sur l'IVG, ce conflit peut expliquer la difficulté à « mentaliser » ou à accepter cette réforme. En effet, les personnes pourraient ressentir une tension entre leur désir, d'accéder à une pratique qu'ils considèrent comme une avancée pour leur liberté et leur santé, et le surmoi, qui pourrait encore associer l'avortement à une transgression morale ou religieuse. Cette tension peut créer une angoisse, un signal d'alarme psychique, qui empêcherait une acceptation sereine de la loi.

De plus, Freud évoque l'angoisse comme une réponse possible à un conflit entre le principe de réalité matérialisé par les lois et la société, et le principe de plaisir par la satisfaction des désirs personnels. Bien qu'elle soit améliorée, la loi peut tout de même ne pas être pleinement intégrée dans la conscience, notamment chez les jeunes, qui peuvent percevoir un décalage entre ce qui est écrit et ce qu'ils vivent ou ressentent. Leur difficulté à mentaliser cette nouvelle norme pourrait donc refléter ce conflit. Malgré l'existence de la loi, ils peuvent associer l'avortement sécurisé à un danger, un péché, tout ceci soutenu par des influences culturelles et/ou religieuses.

Dès lors, il s'agira pour nous d'analyser comment cette loi et ses différentes réformes bouleversent l'homéostasie psychique chez les étudiants soumis à notre étude ; et quelles en sont les conséquences dans le choix de l'avortement sécurisé prôné par le législateur.

3. Méthodologie

Cette recherche adopte une approche mixte, combinant un questionnaire et des entretiens cliniques, afin d'explorer en profondeur la perception de la loi sur l'avortement par les étudiants gabonais. Cette combinaison méthodologique permet de trianguler les données et d'enrichir la compréhension du phénomène étudié.

L'échantillon se compose d'étudiants de l'Université Omar Bongo (UOB). Deux phases d'échantillonnage ont été réalisées :

3.1. Questionnaire en ligne

Ce questionnaire a été élaboré et diffusé via Google Forms sur 150 étudiants, 46 ont fourni des réponses exploitables. Il comportait des questions fermées et ouvertes visant à recueillir des données sur la connaissance et la perception de la loi n°005/2021 sur l'avortement, les attitudes et opinions concernant l'interruption volontaire de grossesse (IVG) et les éventuelles contradictions entre les normes sociales, culturelles et légales. Les critères d'inclusion étaient : être inscrit à l'UOB et avoir complété le questionnaire en ligne de manière complète et cohérente. Les critères d'exclusion comprenaient des réponses incomplètes ou incohérentes.

3.2. Entretiens semi-directifs

Ces entretiens ont été conduits pour explorer les expériences personnelles et les dynamiques psychiques des individus. Cinq étudiants (trois femmes et deux hommes) ont été sélectionnés parmi les répondants du questionnaire. Les participants présentant un positionnement trop neutre ou désengagé ont été exclus, afin de garantir une exploration approfondie des affects et des dynamiques psychiques. Ces entretiens avaient pour buts d'approfondir les dimensions subjectives et affectives liées à la perception de l'avortement. Les entretiens ont été soumis à une analyse de contenu thématique, méthode consistant à identifier et à organiser les thèmes récurrents dans les discours des participants (Bardin, 2013). Cette approche permet de structurer les données qualitatives et d'extraire des significations profondes.

L'utilisation combinée du questionnaire en ligne et des entretiens semi-directifs répond à la nécessité de capturer à la fois la portée générale des opinions étudiantes et la profondeur des expériences individuelles. L'analyse de contenu thématique a été choisie parce qu'elle permet de structurer et d'interpréter les données qualitatives de manière rigoureuse. Elle facilite également la compréhension nuancée des perceptions et des dynamiques psychiques liées à la loi sur l'avortement.

4. Résultats

Les réponses au questionnaire montrent une tendance relativement homogène. Toutefois, pour opérationnaliser nos hypothèses, nous avons retenu l'exploitation de 5 questions sur les 17 proposées. Ces réponses mettent en évidence de façon précise la mentalisation de la nouvelle loi et les mécanismes y sous-jacents.

Graphique n° 1 :

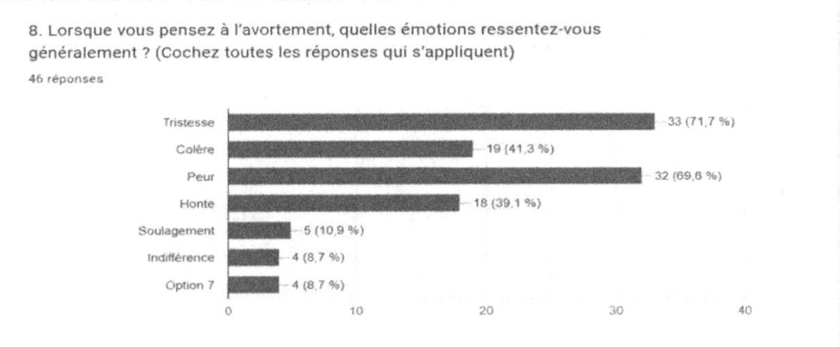

Dans ce premier graphique il apparaît que la majorité des personnes interrogées sont traversées principalement par la tristesse (71,7 %) et la peur (69,6 %)

Graphique n° 2 :

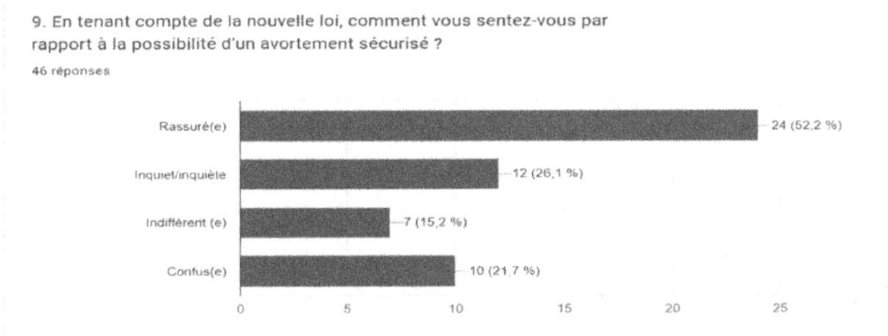

Concernant le choix d'un avortement sécurisé proposé par la nouvelle loi, (52,2 %) des personnes interrogées disent être rassurées contre (15,2 %) indifférentes

Graphique n° 3 :

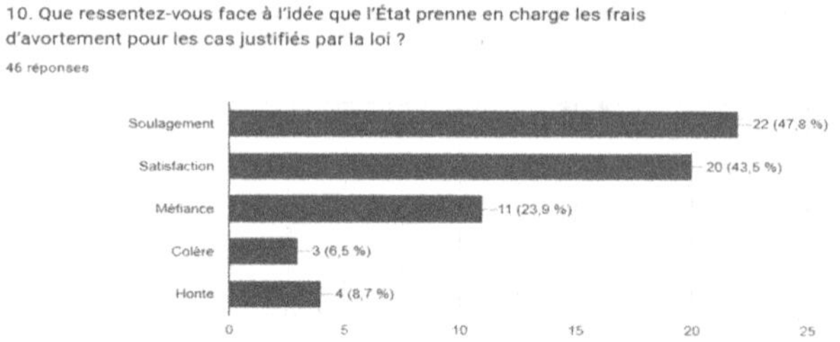

De même, parmi les 46 personnes interrogées 22 soit 47,8 % estiment être soulagées de la prise en charge des frais d'avortement par l'état et 20 personnes soit 43,5 % sont satisfaites.

Graphique n° 4 :

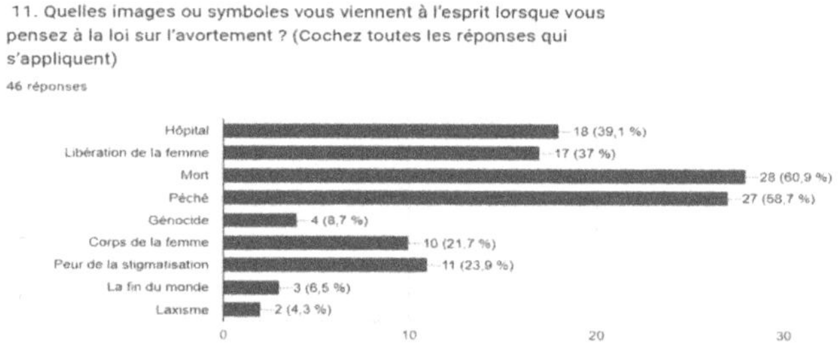

Au sujet des représentations et des symboles liés à l'avortement nous constatons une forte corrélation avec l'idée de mort (60,9 %), et le péché (58,7 %)

Graphique n° 5 :

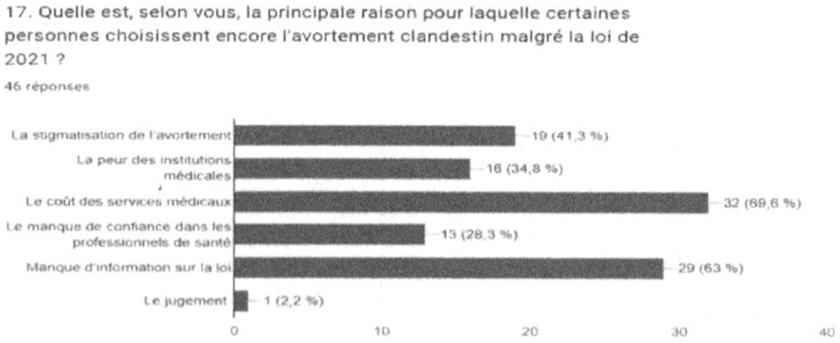

Dans le 5e graphique, il ressort que le coût des services médicaux (69,6 %) et le manque d'information sur la nouvelle loi (63 %) sont les principales raisons qui motivent l'avortement clandestin malgré la nouvelle loi selon les personnes interrogées.

5. Discussion

Notre recherche avait pour objectif d'analyser la manière dont les étudiants gabonais, et plus précisément ceux inscrits en psychologie à l'Université Omar Bongo, perçoivent, symbolisent ou rejettent la loi n°005/2021 au sujet de l'interruption volontaire de grossesse (IVG) au Gabon. À partir des données issues de questionnaires et d'entretiens, nous avons pu mettre en lumière certaines dynamiques psychiques qui sous-tendent le défaut de mentalisation de la nouvelle loi : l'angoisse de mort, l'ambivalence, le déni partiel et l'état de détresse. Ces mécanismes permettent de comprendre pourquoi, malgré une loi juridiquement assouplie, l'avortement reste largement perçu comme une transgression, un tabou ou un danger psychique. Il serait intéressant d'approfondir les raisons et les fonctionnements de qui sous-tendent ces dynamiques psychiques :

L'angoisse de mort : Les résultats obtenus dans cette recherche, notamment les données issues du graphique n° 1, révèlent deux émotions dominantes suscitées par le mot « avortement » : la tristesse (71,7 %) et la peur (69,6 %). Pour renforcer, ces idées, nous pouvons rapporter quelques verbatim qui témoignent de cette angoisse : « Non, ça fait trop peur » ; « On peut mourir la blague, même si c'est à l'hôpital » ; « La mort ne choisit ni le lieu, ni la loi ». Ces affects expriment une angoisse, angoisse de mort. Dans la deuxième théorie de l'angoisse de Freud (1926), cette dernière se présente comme un signal interne provoqué par un conflit entre les désirs inconscients du Ça et les exigences du Surmoi. Il convient de rappeler que depuis les années 60, c'est maintenant que l'état a assoupli la loi en faveur de l'avortement sécurisé pour sauver des vies. Nous pensons alors que cette loi vient remettre en surface le désir refoulé, de liberté d'interrompre ou non une grossesse non désirée. Ce désir est confronté aux interdits juridiques fortement assimilés, aux interdits culturels et aux principes religieux profondément ancrés.

Cette opposition engendre un conflit psychique qui crée une angoisse massive. Or, dans le cas de l'avortement, cette angoisse prend une forme particulièrement archaïque : elle ne concerne pas uniquement l'issue d'une grossesse, mais touche à la vie elle-même, à sa transmission, à son sacré. Le graphique n° 4 confirme cette hypothèse en montrant que (,) pour 60,9 % des répondants, l'avortement est associé à la mort, et pour 58,7 % d'entre eux, au péché. Ce lien entre avortement et mort n'est pas seulement biologique ou médical : il est imaginaire et symbolique. Dans la tradition gabonaise, l'enfant est souvent considéré comme un don des ancêtres, un relais spirituel entre le monde visible et invisible. Interrompre une grossesse revient donc, pour beaucoup, à interrompre ce lien sacré, ce qui constitue un véritable sacrilège. En conséquence, toutes ces représentations et émotions empêchent la mentalisation de la loi. En effet, comme le soulignent Fonagy et Target (1997), la mentalisation suppose la capacité de mettre en mots, en pensées, des émotions brutes. Or, nous constatons qu'il y a une incapacité à élaborer cette réalité des faits.

L'ambivalence : Les nouvelles réformes apportées à la loi sur l'avortement créent un soulagement chez les étudiants (47,8 %). En même temps, ils sont 58,7 % à rattacher l'avortement au péché. C'est deux réponses traduisent l'ambivalence qui (,) selon Abraham (1924) désigne la présence simultanée et conflictuelle de tendances opposées (soulagement/péché) à l'égard de l'avortement.

Pour Freud (1915), c'est la perte d'objet d'amour qui, par régression, fait apparaître le conflit ambivalent. La nouvelle loi sur l'avortement va bouleverser la dynamique psychique qui s'est construite, en faisant de l'avortement, quel qu'en soit son mode d'exécution un péché. Nous comprenons alors que ces réformes, qui, insidieusement, tentent de normaliser l'avortement, sous certaines conditions, sont source de conflit ambivalent au sens freudien. Ainsi, le surmoi régi par la loi, la morale, la religion entre en conflit avec le moi régi par le principe de réalité. C'est ce conflit qui fait dire à un sujet que la nouvelle loi est : « un soulagement, car tout le monde n'est pas prêt à avoir un enfant… » ; et en même temps qu'il s'agit : d'« un péché car nous n'avons pas le droit d'arracher la vie ». Une autre étudiante affirme que l'avortement est : « une bonne chose, cela évite de stresser quand on a une grossesse non désirée », mais plus loin dans l'entretien, celle-ci refuse cette pratique pourtant sécurisée parce que : « … puni par Dieu ».

Déni partiel : Ce conflit ambivalent crée chez certains sujets un déni partiel. Après avoir pris connaissance de la nouvelle loi, 69,66 % des étudiants interrogés pensent que le coût élevé des services médicaux favorise les avortements clandestins tandis que, depuis la promulgation de la loi en 2021, le législateur a prévu une prise en charge financière conformément aux dispositions de cette loi. Il y a ainsi une forme de déni partiel entre la réalité de la loi et la symbolisation. En effet, les étudiants (69,66 %) refusent de reconnaître la réalité de la loi. Pour la psychanalyse, le déni de la réalité est une action psychique qui consiste à rejeter la réalité d'une perception du fait des significations traumatisantes qu'elle peut comporter. Freud dans certains de ses travaux allant de 1908 à 1917 considère le déni comme l'acte psychique consistant à rejeter une perception comme impensable.

Les entretiens avec les 5 sujets ont montré que, malgré l'adoption de la loi sur l'avortement, son application reste impensable dans notre contexte culturel : « oui, mais ça ne peut pas se faire chez nous. » d'après les verbatims d'un étudiant reçu en entretien et un autre dira « c'est impensable, nous sommes des bantous ». Ces extraits mettent en évidence le refus d'une réalité pourtant effective en république gabonaise depuis 2019. En effet, d'après Laplanche et Pontalis (2009), le déni est un mode de défense consistant en un refus par le sujet de reconnaître la réalité d'une perception traumatisante. Nous parlons ici de déni partiel car, il n'y a pas un refus total de la loi.

Conclusion

Le but de cette recherche était d'explorer l'ensemble des dynamiques psychiques et émotionnelles de la mentalisation de la loi n°005/2021 sur l'avortement au Gabon, plus particulièrement dans la population étudiante de l'université Omar Bongo. Ancré dans une démarche psychanalytique à travers la méthode clinique, nous tentions de discerner comment les représentations sociales, culturelles, inconscientes avaient un impact sur le rapport des sujets à cette loi. Nous avons mené un questionnement sur la façon dont la légalité d'un acte interdit jusqu'alors contrarie l'univers symbolique des croyances, des religions et des interdits intériorisés. Les données récoltées grâce à un questionnaire en ligne et à des entretiens cliniques semi-directifs ont permis de dégager plusieurs grands mécanismes de défense : l'angoisse de mort, l'ambivalence et le déni partiel. Ces trois modalités défensives pointent un défaut de mentalisation. Dans l'imaginaire collectif gabonais, l'avortement est toujours synonyme de la faute, de la mort, du sacrilège, la rationalité du discours de la loi se heurtant à un registre archaïque dans lequel le corps féminin est au centre de significations tant spirituelles que communautaires.

La méthode clinique adoptée, combinant questionnaires et entretiens semi-directifs, s'est révélée particulièrement adaptée pour explorer cette problématique. Inspirée de la tradition médicale et de la psychologie clinique (Pedinielli, 1994), elle a permis de recueillir non seulement des informations sur les faits, mais aussi sur la subjectivité des étudiants, leur vécu émotionnel, leurs représentations et leurs croyances. Les entretiens ont offert un espace intersubjectif privilégié, permettant d'identifier les résistances, les doutes et les contradictions dans les discours des étudiants, notamment celles liées à leur appartenance religieuse, familiale et culturelle.

En tant que chercheurs en psychologie clinique, femmes gabonaises, enseignantes, catholiques engagées dans une association pour les droits reproductifs des femmes, nous avons été confrontées à une pluralité d'identifications parfois contradictoires. Ces appartenances ont suscité des mouvements internes complexes : empathie pour les femmes en détresse, résistance inconsciente à la transgression, culpabilité face à la remise en question des normes religieuses, mais aussi désir de comprendre et de soutenir une forme d'émancipation féminine. Ces éléments constituent un contre-transfert, comme le définissent Freud (1912) et Kaës (2004), qui a nécessité un travail réflexif constant afin de ne pas biaiser l'analyse.

Sur le plan méthodologique, avant toute chose, il convient de signaler que la taille de notre échantillon (questionnaire et entretien clinique), certes, ne permet pas de généraliser les résultats mais reste bien adaptée et fidèle à notre démarche épistémologique et clinique, centrée sur la singularité du sujet et la profondeur de l'analyse plutôt que sur la représentativité statistique, ainsi que le recommande Lagache (1949). Ces limites n'invalident pas les résultats, mais invitent à la prudence dans leur interprétation. Elles soulignent surtout la nécessité de poursuivre les recherches dans une perspective pluridisciplinaire, en associant psychologues, sociologues, philosophes, juristes et anthropologues. Aussi, étant habitués à des études de cas cliniques plus classiques, nous avons été confronté à une difficulté particulière : la nouvelle loi sur l'avortement ne constitue pas un objet clinique au sens traditionnel du terme. Contrairement à un symptôme, un trouble ou un événement psychique observable chez un patient, cette loi relève à la fois du cadre juridique, du contexte socio-culturel et des représentations individuelles, ce qui rend son approche complexe. Il nous a fallu mobiliser la clinique d'une manière originale, en adaptant nos outils pour saisir la manière dont les étudiants symbolisent ou rejettent cette réalité juridique. Ainsi, travailler sur un objet aussi hybride, à la fois légal, culturel et psychique, a constitué un véritable enjeu méthodologique, car il ne permet pas d'observer directement des manifestations cliniques tangibles. Nous avons donc centré notre intérêt sur la mentalisation, pour pouvoir appréhender de manière rigoureuse les dynamiques psychiques sous-jacentes à l'expérience de cette loi.

Tout ceci montre que la mentalisation de la loi sur l'avortement au Gabon ne peut être pleinement comprise qu'à travers une approche intégrant les dimensions psychiques, culturelles et religieuses. Les étudiants ne sont pas seulement influencés par la connaissance juridique, mais également par l'histoire, la culture, la spiritualité et la moralité collective, qui structurent leurs représentations et leurs émotions. L'analyse clinique permet ainsi de comprendre comment la loi, malgré son évolution favorable, rencontre des résistances symboliques et psychiques profondes.

Références bibliographiques

Abraham, K. (1924). *Esquisse d'une histoire du développement de la libido basée sur la psychanalyse des troubles mentaux.* Payot. 2000.

Akoto, E. (1990). Christianisme et inégalités en matière de mortalité des enfants en Afrique noire. *Population,* 1990 (6), 969-992. https://www.persee.fr/doc/pop_00324663_1990_num_45_6_3640

Bankole, A., Sedgh, G., & Onda, T. (2020). *La législation sur l'avortement en Afrique subsaharienne : état des lieux et enjeux.* Guttmacher Institute. https://www.guttmacher.org

Bardin, L. (2013), *L'analyse de contenu.* Quadrige, Presses Universitaires de France.

Fonagy, P., Steele; M., Steele, H., Moran, G.S., Higgitt A.C. (1991). The capacity for understanding mental states: The reflective self in parent and child and its significance for security of attachment, *Infant Mental Health Journal,* 1991; 12 (3), 201-218.

Fonagy, P., & Target, M. (1997). Attachment and reflective function: Their role in self-organization. *Development and Psychopathology,* 9(4), 679–700. https://doi.org/10.1017/S0954579497001399

Freud, S. (1912). La dynamique du transfert. In La technique psychanalytique (trad. J. Laplanche). Paris : PUF.

Freud, S. (1923). *Le Moi et le Ça.* Payot, coll. « Petite Bibliothèque Payot », 2010 ; OCF.P, XVI, p. 255-301

Freud, S. (1930 a). *Malaise dans la civilisation, Nouvelles conférences d'introduction à la psychanalyse,* (1933a [1932])

Freud, S. (1975). *Totem et tabou.* (1912-1913), Payot, 1975.

Freud, S. (1914). Pour introduire le narcissisme. *La vie sexuelle.* Presses universitaires de France, (1969), 81-105.

Guignard, F. (2001). Le couple mentalisation/démentalisation, un « concept de troisième type » *Revue française de psychosomatique.* 20 (2), 115-135. https://doi.org/10.3917/rfps.020.0115.

Ilama Mombot Nguimbi, A. S. (2019). Lecture de l'interruption volontaire de grossesse à partir d'une approche processuelle dans le cadre de la théorie des parties prenantes, In G. Esseng Aba'a, J-E Etoughé- Efé (Eds.), *L'interruption volontaire de grossesse. La société gabonaise au miroir de la loi Veil.* pp. 51-71, L'Harmattan.

Kaës, R. (2004). Le groupe et le sujet du groupe : éléments pour une théorie psychanalytique du groupe. Paris : Dunod.

Lacan, J., Le Séminaire Livre X, *L'angoisse*, Seuil, [1962-1963] 2004.

Lacan, J., Proposition du 9 octobre 1967, *Les Autres Ecrits*, Éditions du Seuil, 2001.

Lagache, D. (1949). L'unité de la psychologie : étude historique et critique. Paris : PUF

Laplanche, J. α Pontalis J.B. (1967). *Vocabulaire de la psychanalyse*. PUF

Malouta, C.O α Ntsame Mboulou, C.M.M. (2022). Interruption volontaire de grossesse (IVG) : passage à « acte chez les adolescents de Lambaréné. In Sallah, N. Etoughe-Efe, J-E. Renamy Ziza Sougou, J.R. Ndembi Ndembi, A.P. Ekang Mvé, A. (Eds.), *Faire sortir la grossesse : savoirs, itinéraires et protocoles autour de l'avortement en Afrique subsaharienne* (pp. 133-144). L'Harmattan.

Mbugua, W. (1999). Les femmes et la santé. In Adepoju (Ed.), La famille africaine. Politiques démographiques et développement. pp. 196-220, Karthala.

Pape Benoît XVI (2011). Exhortation apostolique post-synodale Africae munus aux évêques, au clergé, aux personnes consacrées et aux fidèles laïcs sur l'église en Afrique au service de la réconciliation, de la justice et de la paix. Libreria Editrice Vaticana. https://ec.cef.fr/wpcontent/uploads/sites/2/2014/05/2011_11_19africae_munus.pdf

Pedinielli, J.-L. (1994). Méthodes projectives et évaluation de la personnalité : approche clinique. Paris : Dunod.

III.

La maternité et le choix : analyse sociologique du droit à l'avortement au Gabon

BALONDJI STEEVE-THIERRY
CENAREST/IRSH/DRDS[1]
balondjisteeve@yahoo.fr ; balondjisteeveirsh@gmail.com

Résumé

Cet article propose une analyse sociologique du droit à l'avortement au Gabon, en mettant en lumière les tensions entre normes religieuses, traditions sociales et revendications d'autonomie individuelle. Il examine les transformations législatives récentes, notamment la reconnaissance du motif psychologique comme justification d'une interruption volontaire de grossesse (IVG), et leur impact sur la subjectivité féminine. La maternité n'est plus seulement perçue comme une obligation collective ou religieuse, mais devient un choix personnel légitime, inscrit dans le cadre légal. L'étude montre que cette évolution ouvre des perspectives d'émancipation et d'autonomie corporelle pour les femmes, tout en révélant les résistances persistantes : stigmatisation sociale, inégalités d'accès aux services de santé reproductive, et pressions normatives dans les communautés rurales. L'article souligne également les enjeux liés à la responsabilité individuelle de la femme dans l'évaluation de sa détresse psychologique, qui constitue un outil d'émancipation mais implique des défis pratiques et symboliques.

---

[1] Centre National de la Recherche Scientifique et Technologique (CENAREST), Institut de Recherche en Sciences Humaines (IRSH), Département de Recherche sur les Dynamiques Sociales (DRDS).

Enfin, l'analyse met en évidence la nécessité d'articuler réforme juridique, politiques publiques et transformation des représentations sociales pour que le droit à disposer de son corps devienne une réalité vécue par toutes les femmes.
Mots-clés : maternité, avortement, droits reproductifs, subjectivité féminine, Gabon

Abstract

This article offers a sociological analysis of abortion rights in Gabon, highlighting the tensions between religious norms, social traditions, and claims for individual autonomy. It examines recent legislative changes, particularly the recognition of psychological grounds as justification for voluntary termination of pregnancy (VTP), and their impact on female subjectivity. Motherhood is no longer solely perceived as a collective or religious duty but becomes a legitimate personal choice, legally recognized. The study shows that this evolution opens new avenues for women's emancipation and bodily autonomy while revealing persistent obstacles: social stigma, inequalities in access to reproductive health services, and normative pressures in rural communities. The article also emphasizes the challenges linked to the individual responsibility of women in assessing their psychological distress, which, while empowering, raises practical and symbolic issues. Finally, the analysis underlines the need to combine legal reform, public policy, and transformation of social representations to ensure that the right to bodily autonomy becomes a lived reality for all women.
Keywords: motherhood, abortion, reproductive rights, female subjectivity, Gabon

Introduction

Au Gabon, la régulation juridique de l'avortement témoigne d'une tension constante entre la protection de la vie, les considérations médicales et la reconnaissance progressive des droits reproductifs. Ainsi, des progrès ont été réalisés en matière de droits reproductifs avec la modification du Code pénal en 2019 et l'adoption de la loi n°005/2021 du 6 septembre 2021. La loi n°042/2018 du 5 juillet 2019 établit une distinction fondamentale entre deux situations d'interruption de grossesse : d'un côté la « nécessité médicale », qui fonde l'Interruption Médicale ou Thérapeutique de Grossesse (IMG/ITG), et de l'autre, la convenance personnelle, généralement associée à l'Interruption Volontaire de Grossesse (IVG). Cette première approche du législateur encadre strictement l'acte en le limitant à trois motifs précis : la mise en danger de la vie de la mère, la détection de malformations graves ou incurables de l'enfant à naître, ou encore l'existence d'un état de détresse grave chez une mineure enceinte. L'interruption de grossesse est alors envisagée dans une logique de protection médicale et sociale, circonscrite à des cas exceptionnels où la survie ou l'intégrité des protagonistes sont directement menacées. En revanche, la loi n°005/2021 du 6 septembre 2021 introduit une rupture significative en consacrant la notion d'Interruption de Grossesse Autorisée (IGA), qui ne se limite plus à des impératifs médicaux. Dans ce nouveau cadre législatif, le motif psychologique devient central et suffisant, traduisant une reconnaissance élargie de l'autonomie et de la subjectivité des femmes dans la décision d'avorter. Trois évolutions majeures témoignent de ce glissement : d'abord, le terme « mineure », jugé discriminatoire car excluant les femmes majeures de la reconnaissance de leur détresse, a été supprimé ; ensuite, l'adjectif « grave », qui qualifiait auparavant l'état de détresse, disparaît, élargissant ainsi la portée de la notion ; enfin, l'exigence d'un avis médical permettant d'en attester est levée, consacrant le principe selon lequel seule la femme enceinte est en mesure d'évaluer la réalité et l'intensité de son état. En passant d'une logique centrée sur la protection sanitaire et la régulation de situations extrêmes à une logique fondée sur le respect de l'autodétermination, cette évolution législative transforme l'avortement d'un acte médicalement justifié en un droit personnel reposant avant tout sur l'expérience vécue et le jugement de la femme elle-même.

Toutefois, bien que des progrès aient été réalisés en matière de droits reproductifs, la question de l'avortement demeure complexe dans le contexte gabonais où les croyances religieuses jouent un rôle structurant et où la maternité est souvent perçue comme un impératif social pour les femmes.

La question relative à l'avortement met en évidence une tension centrale : d'un côté, les avancées juridiques en matière de droits reproductifs, et de l'autre, la persistance de normes culturelles et religieuses fortes qui influence négativement la perception et l'acceptabilité de l'avortement. Comment, dans ce contexte, concilier les avancées législatives en matière de droits reproductifs avec un contexte socioculturel et religieux qui continue de percevoir la maternité comme une norme incontournable pour les femmes ? Comment les femmes gabonaises négocient-elles leur autonomie reproductive dans un contexte où le droit évolue, alors que la maternité reste une valeur sociale dominante ?

C'est à partir de cette tension entre dynamiques légales et normes socioculturelles que s'inscrivent nos hypothèses de recherche, visant à analyser la manière dont les réformes juridiques se traduisent ou se heurtent dans le vécu social des femmes gabonaises.

Nous formulons trois hypothèses principales pour guider cet article. Tout d'abord, les normes religieuses et culturelles, qui valorisent la maternité comme un impératif social, limitent à la fois l'acceptabilité et l'effectivité des réformes légales sur l'avortement. Ensuite, l'élargissement des droits reproductifs contribue à transformer progressivement les rapports sociaux de genre en renforçant l'autonomie décisionnelle des femmes, bien que ce processus reste inégal selon les contextes sociaux, éducatifs et économiques. Enfin, la reconnaissance juridique du motif psychologique pour interrompre une grossesse introduit une valorisation nouvelle de la subjectivité féminine, tout en suscitant des résistances de la part des acteurs attachés aux normes traditionnelles.

Ces hypothèses invitent à examiner de près les pratiques abortives au Gabon, afin de saisir comment les logiques juridiques, religieuses et culturelles s'articulent dans la régulation des choix reproductifs et dans la construction sociale de la maternité. En effet, l'étude des pratiques abortives au Gabon présente un intérêt sociologique et anthropologique majeur, car elle permet, d'une part, d'analyser les rapports entre l'individu et la société, en particulier la manière dont les normes sociales, religieuses et familiales façonnent les choix reproductifs et le comportement des femmes. Et, elle explore les représentations culturelles de la maternité, de la sexualité et du corps féminin, ainsi que les mécanismes de stigmatisation et de contrôle social qui influencent la pratique effective de l'avortement, d'autre part.

Pour approfondir cette analyse des pratiques abortives et des rapports entre normes sociales et expériences individuelles, l'approche de la décoercition sociale développée par Steeve Thierry Balondji (2019, p.8), fournit un cadre conceptuel pertinent pour interroger ces dynamiques. Le terme « décoercition » est construit en opposition à celui de « coercition », qui désigne toute forme d'action contraignante exercée par un individu, une institution ou un système sur un autre, avec ou sans violence manifeste. La décoercition sociale désigne, ainsi, une force sociale et le processus critique et pratique par lequel les individus et les groupes déconstruisent les logiques de domination, désapprennent la soumission intériorisée et réorganisent leurs rapports sociaux sur la base de la reconnaissance, de la liberté partagée et de la coresponsabilité.

Du point de vue sociologique, c'est l'ensemble des dynamiques qui transforment les comportements individuels et les relations au sein d'une société. Cette force sociale s'exerce sur les individus, souvent de manière implicite, à travers des normes, des valeurs, des traditions, des institutions ou des rapports de pouvoir. Au sens dynamique, c'est l'ensemble des mécanismes de changement social, c'est-à-dire, les tensions, les conflits et les innovations qui transforment les comportements individuels et les relations au sein d'une société.

Cette force et ce processus ne sont ni spontanés ni linéaires. Ils s'acclimatent et fonctionnent à partir d'une conscience critique, d'un engagement éthique et d'une transformation profonde des schémas de pensée.

C'est pourquoi la décoercition sociale n'est pas simplement un affaiblissement des normes et des valeurs sociales et culturelles, mais une déconstruction consciente et critique de celles-ci, visant à offrir aux individus une plus grande liberté d'action et à promouvoir des relations sociales plus égalitaires. Elle implique également une révision des rapports de pouvoir, souvent invisibles, qui structurent la société, permettant ainsi une meilleure égalité entre les sexes et une reconfiguration des rôles familiaux et sociaux. La décoercition sociale agit dans la société pour transformer les structures sociales oppressives en libérant les individus de la domination des normes coercitives et en réinventant des formes de relations sociales plus justes et inclusives. Elle favorise une compréhension novatrice des rapports sociaux, au-delà des mécanismes traditionnels de domination et de soumission. Contrairement aux approches qui prônent un relâchement des normes ou une remise en question purement destructrice de l'ordre social, la décoercition se distingue par sa capacité à décomposer et à recomposer les normes et les valeurs dans des formes alternatives, créant ainsi des modalités de régulation sociale littéralement libérées des structures excessivement coercitives. Cette force et ce processus sont aussi un chemin de libération, où les individus sont progressivement affranchis des contraintes normatives et structurelles qui limitent leur capacité à choisir, à s'exprimer et à exister pleinement dans la relation sociale.

La décoercition sociale étudie la relation entre l'individu et la société, en révélant, notamment, comment les normes sociales, religieuses et familiales orientent les choix reproductifs et façonnent le comportement des femmes. Elle permet de saisir les pressions exercées par les représentations culturelles de la maternité, de la sexualité et du corps féminin, ainsi que par les attentes institutionnelles et familiales, tout en mettant en évidence les stratégies par lesquelles les femmes négocient, contournent ou s'affranchissent de ces contraintes. En outre, cette approche offre un éclairage sur les mécanismes de stigmatisation et de contrôle social qui conditionnent ou non l'effectivité des pratiques d'avortement, soulignant que l'autonomie reproductive ne se réduit pas à la législation mais résulte de l'articulation entre normes sociales, contraintes culturelles et marges de liberté individuelle. Elle fournit ainsi un outil conceptuel pour analyser les tensions entre prescriptions sociales et capacité d'action des femmes, afin de comprendre la manière dont la culture et la société façonnent les décisions reproductives dans des contextes variés.

Située à l'articulation entre l'individuel et le social, cette approche invite également à être mise en perspective avec les apports et les limites des grandes théories sociologiques classiques. Si l'approche de la décoercition sociale rejoint certaines intuitions des grands auteurs classiques, elle permet néanmoins de dépasser certaines limites de leurs approches. Les travaux d'Erving Goffman sur la stigmatisation (Goffman, 1975) et les interactions sociales (Goffman, 1973) mettent en évidence la manière dont la société catégorise, contrôle et sanctionne certains comportements, mais ils restent centrés sur l'analyse micro-interactionnelle et tendent à sous-estimer les dimensions structurelles et culturelles plus larges qui façonnent les choix reproductifs. De même, la sociologie de Pierre Bourdieu, à travers l'habitus et le capital symbolique (Bourdieu, 1980, 1979), éclaire les dispositions intériorisées et les contraintes sociales, mais elle peut apparaître trop déterministe pour rendre compte des stratégies individuelles d'affranchissement et de négociation au sein des normes.

Les analyses de Michel Foucault sur le pouvoir et le contrôle des corps (Foucault, 1975, 1976) offrent un éclairage sur les mécanismes institutionnels et discursifs qui régulent la maternité, la sexualité et le corps féminin, mais elles mettent moins l'accent sur la capacité des individus à résister ou à contourner ces mécanismes dans la vie quotidienne. De même, les travaux de Judith Butler (2007, 2006) sur la performativité des normes de genre montrent que celles-ci sont susceptibles d'être subverties par l'action individuelle, mais ils se concentrent principalement sur les processus de construction du genre, sans toujours rendre compte des contraintes sociales et religieuses plus larges qui influencent les choix reproductifs. Les études de West et Zimmerman (1987) sur la « construction sociale du genre » analysent la production quotidienne des normes de genre, mais elles offrent moins de moyens pour saisir les tensions entre normes, institution et marges de liberté individuelle dans des contextes culturellement et socialement hétérogènes.

La décoercition sociale, en revanche, fournit un outil analytique capable d'articuler ces différents niveaux d'analyse. Elle permet d'examiner simultanément les pressions sociales, culturelles et institutionnelles, tout en mettant en lumière les stratégies de négociation et de contournement mises en œuvre par les femmes gabonaises pour exercer leur autonomie reproductrice. Elle montre que l'effectivité de l'avortement et l'exercice des droits reproductifs ne peuvent être compris uniquement à travers la législation ou les normes, mais résultent de l'interaction complexe entre contraintes sociales, représentations culturelles et capacités d'action individuelle, offrant ainsi une perspective plus complète pour comprendre comment les décisions reproductives se construisent dans des contextes sociaux variés et parfois conflictuels.

Ce cadre analytique ouvre la voie à une exploration empirique, que nous abordons en précisant le contexte d'étude et le dispositif méthodologique mis en place.

1. Contexte d'étude et dispositif méthodologique

L'étude s'inscrit dans un contexte marqué par la tension entre normes sociales, prescriptions religieuses et aspirations individuelles à l'autonomie reproductive. Au Gabon, la question de l'avortement ne peut être comprise indépendamment des représentations sociales qui l'entourent, ni des discours religieux et institutionnels qui encadrent les comportements et limitent les marges de choix des femmes. Dans ce cadre, nous avons jugé pertinent de recourir à une approche qualitative interprétative, particulièrement adaptée à l'exploration des expériences vécues, des dilemmes moraux et des rationalisations subjectives. Cette approche permet d'aller au-delà de la simple description des faits pour accéder aux significations profondes attribuées par les acteurs à leurs pratiques et à leurs décisions.

Le dispositif méthodologique mis en place s'est articulé autour de deux techniques complémentaires :

- Les entretiens semi-directifs ont constitué le cœur de la démarche. Vingt femmes ayant eu recours à un avortement ont accepté de partager leurs expériences et leurs réflexions, offrant une diversité de récits et de parcours. Pour enrichir la compréhension de la problématique, nous avons également interrogé deux responsables religieux (pasteurs, prêtres), trois professionnels de santé (un médecin et deux infirmières), deux militants associatifs engagés dans la défense des droits reproductifs, ainsi que deux théologiens. Ces entretiens ont permis de mettre en évidence les tensions entre prescriptions religieuses et choix personnels, les conflits intérieurs liés à la foi, mais aussi les stratégies de justification morale et spirituelle déployées par les femmes.
- Les focus groups, organisés avec des femmes de profils variés (mariées, célibataires, adolescentes), ont quant à eux favorisé l'expression collective et permis d'observer comment se construisent et se négocient des normes partagées. Ces échanges collectifs ont fait émerger des logiques de résistance face aux injonctions sociales, tout en mettant en lumière les argumentaires éthiques forgés dans l'interaction et la confrontation des points de vue.

L'ensemble du corpus a été soumis à un codage thématique rigoureux, réalisé en plusieurs étapes successives : codage ouvert pour repérer les éléments significatifs du discours, codage axial pour regrouper ces éléments en catégories thématiques, puis codage sélectif pour identifier les convergences et les divergences majeures entre les différents profils d'informateurs. Ce processus a permis de dégager des dynamiques de recomposition entre normes dominantes et subjectivités féminines, rendant visibles les tensions mais aussi les marges de négociation face aux contraintes sociales et religieuses.

À travers cette démarche, l'analyse replace l'avortement dans un cadre sociétal et religieux élargi en soulignant plusieurs dimensions essentielles. Elle met en évidence d'abord le rôle des normes sociales gabonaises dans la structuration des perceptions de l'avortement, puis l'influence déterminante des religions dans la construction des pratiques et représentations qui l'entourent. Elle montre ensuite comment l'ouverture progressive des droits reproductifs accompagne la quête d'une autonomie féminine plus affirmée, tandis que la reconnaissance du motif psychologique apparaît comme un levier central de valorisation de la subjectivité des femmes et de transformation des normes établies. Enfin, l'étude met en lumière les entraves institutionnelles et économiques qui limitent l'accès réel et égalitaire à l'avortement, révélant ainsi la complexité des tensions entre normes dominantes, expériences individuelles et aspirations à l'autonomie.

Ainsi conçu, le dispositif méthodologique ne se limite pas à recueillir des témoignages ; il permet de révéler les tensions structurelles et les contradictions internes qui traversent les trajectoires individuelles, et de comprendre comment, dans un contexte de forte normativité sociale et religieuse, les femmes élaborent des stratégies de sens, de justification et parfois de résistance.

C'est à partir de ces éléments méthodologiques que nous pouvons désormais analyser plus précisément la manière dont l'avortement s'inscrit dans l'univers normatif gabonais, en particulier à travers le poids des représentations sociales, culturelles et religieuses qui le façonnent.

2. L'avortement et les normes culturelles gabonaises

Au Gabon, l'avortement ne peut être compris indépendamment des normes sociales et culturelles qui entourent la maternité. Chez les Fang, les Punu, les Gisir, les Kota, les Sékiani et d'autres groupes ethnolinguistiques du pays, la naissance dépasse le simple fait biologique : elle représente un événement spirituel et social qui engage la mémoire des ancêtres, assure la continuité des lignages et garantit la stabilité de la communauté. Dans ce contexte, interrompre une grossesse est perçu comme une transgression grave, un acte qui rompt l'équilibre collectif et bouleverse les fondements de la société.

Pour mieux saisir ces perceptions, il convient de distinguer les sociétés patrilinéaires, comme celles des Fang, Kota et Sékiani, des sociétés matrilinéaires, telles que celles des Punu, Gisir ou Nzébi, car chacune définit la maternité selon des logiques spécifiques.

Dans les sociétés patrilinéaires, la filiation se transmet par le père et l'enfant « appartient » au clan paternel. Chez les Fang par exemple, la maternité renforce la position de la femme dans le couple et dans la communauté, car elle donne des héritiers qui prolongent le lignage. À la naissance, le placenta et le cordon ombilical sont déposés dans des bananiers derrière les habitations, rituel qui symbolise le lien spirituel entre l'enfant, la terre ancestrale et le clan. Dans ce cadre, une femme qui avorte rompt littéralement le pacte avec les ancêtres, et son geste peut être interprété comme un acte de sorcellerie ou de vampire (*ngwel ou nnem*), une offense non seulement au mari mais aussi à tout le groupe.

À l'inverse, dans les sociétés matrilinéaires comme celles des Punu, Gisir et Nzébi, l'enfant appartient, certes au clan paternel, mais il se réclame du clan de sa mère. La maternité y constitue le fondement du statut féminin et conditionne l'autorité de la femme. Autrefois, certaines femmes Punu participaient à des rituels d'initiation invoquant la fertilité et la bénédiction des ancêtres maternels et utilisaient des statuettes *Bitumb* ou des masques cérémoniels *Bikokossi* pour les protéger lorsqu'elles sont enceintes. Dans ce système, une femme qui avorte est susceptible d'être accusée de « couper la chaîne » du matrilignage, mettant en péril la transmission du nom et des biens familiaux. Dans ce contexte, l'avortement est considéré comme un signe de rupture avec les ancêtres maternels et, parfois interprété comme la conséquence d'une colère spirituelle ou d'une influence malveillante.

Ces différences montrent que, malgré la diversité des structures de filiation, une constante demeure : la maternité est considérée comme un accomplissement vital et la femme sans enfant est jugée comme incomplète ou frappée d'une malédiction. Chez les Fang, certaines femmes qualifiées de « sèches » (*Nkür*) sont soupçonnées d'être maudites et sont soumises à des rituels de purification ou à la consultation d'un *ngengang* (guérisseur devin). De leur côté, les Punu et les Gisir imposent aux femmes stériles ou victimes de fausses couches des rites de réconciliation avec les ancêtres, comprenant les libations, les sacrifices de poules ou les bains purificateurs. Ces pratiques révèlent combien la maternité est perçue comme une dimension spirituelle qui dépasse largement l'individu.

Face au poids des normes culturelles, certaines femmes cherchent à contourner la stigmatisation en recourant à l'avortement clandestin. Dans les campagnes, ce recours prend souvent la forme de décoctions de plantes transmises par des guérisseuses ou de pratiques rituelles tenues secrètes. Chez les Fang, une écorce (*Icü ou Ecop*) peut être utilisée pour provoquer des saignements et interrompre une grossesse, tandis que chez les Punu et les Gisir, certaines infusions de racines sont combinées à des rituels dits de « fermeture du ventre ». Bien que discrets, ces procédés exposent parfois les femmes à de graves complications médicales, mettant en lumière la violence symbolique et physique qui accompagne la transgression des normes.

Néanmoins, la modernisation des modes de vie, particulièrement dans les zones urbaines, ouvre un espace de questionnement. L'éducation, l'accès à la santé et le travail féminin permettent à certaines femmes d'envisager leurs choix reproductifs avec davantage d'autonomie. Même si, la force des traditions et le poids des dogmes religieux continuent de limiter leur liberté. Ainsi, l'avortement au Gabon reste rarement perçu comme une décision médicale individuelle : il s'inscrit dans un réseau complexe de normes, de rites et de croyances qui confèrent à la maternité une valeur collective et sacrée. Refuser la vie est interprété comme une atteinte à l'ordre social et spirituel, ce qui expose les femmes à la honte, à la marginalisation, à la stigmatisation et à de graves risques lorsqu'elles s'aventurent dans la clandestinité.

Cette tension entre modernité et tradition ne peut toutefois être pleinement comprise sans prendre en compte l'influence déterminante de la religion, qui, en s'ajoutant aux normes ancestrales, façonne profondément les perceptions et les jugements sociaux autour de l'avortement.

3. L'avortement et l'influence religieuse au Gabon

Le paysage religieux gabonais est dominé par le christianisme, qui regroupe catholiques, protestants et, de plus en plus, des communautés pentecôtistes. À ces influences majoritaires s'ajoutent les croyances traditionnelles, qui, bien que minoritaires, continuent de peser dans les imaginaires sociaux et spirituels. La question de l'avortement se situe donc à l'intersection de ces différents systèmes de croyance, tous convergeant vers une même idée : la sacralité de la vie et la condamnation de son interruption volontaire.

Ainsi, pour comprendre la désapprobation qui entoure l'avortement, il est nécessaire d'examiner plus en détail la manière dont chaque courant religieux et spirituel l'aborde et en façonne les représentations.

L'Église catholique, solidement implantée depuis la période coloniale, conserve une influence normative considérable. Sa doctrine affirme que la vie commence dès la conception et qu'elle est un don sacré de Dieu. L'avortement est donc considéré comme un péché mortel qui sépare l'âme de la grâce divine et expose la femme à la perte du salut. Les sermons rappellent souvent que l'enfant à naître est déjà une personne, porteuse d'une dignité inviolable, et que le rôle des parents est de protéger ce don jusqu'à son accomplissement.

Ce discours, fortement institutionnalisé et relayé par le clergé, trouve encore plus de force lorsqu'il s'accompagne d'un registre de peur et de sanction spirituelle.

Les catholiques insistent en effet sur les conséquences éternelles de l'avortement : les femmes qui y ont recours risqueraient la damnation si elles ne passent pas par le rituel de la confession. Ces « menaces spirituelles », constamment rappelées dans les paroisses et les mouvements de jeunesse catholique, façonnent les consciences collectives et nourrissent une représentation où l'avortement est assimilé à un meurtre, non seulement devant les hommes, mais surtout devant Dieu.

À côté de cette approche institutionnelle et sacramentelle, d'autres branches du christianisme, comme les Églises protestantes, adoptent un angle différent mais parviennent à la même condamnation.

Les Églises protestantes partagent la vision d'un refus catégorique de l'avortement, mais elles mettent davantage l'accent sur la responsabilité individuelle devant Dieu. Dans leurs enseignements, le corps est décrit comme le « temple du Saint-Esprit » ; mettre fin à une grossesse, c'est donc détruire un sanctuaire sacré et s'opposer au plan divin inscrit dans la vie de chaque individu. On le voit, le protestantisme accentue l'idée de la relation personnelle avec Dieu et du jugement divin direct.

Cette insistance sur la responsabilité individuelle ne libère toutefois pas les femmes de la pression sociale, car la communauté joue également un rôle de contrôle et de sanction.

Si le pardon et la repentance sont possibles, la communauté protestante exerce souvent une forte pression morale sur les femmes qui ont avorté. Elles peuvent être mises à l'écart, jugées comme ayant failli à leur rôle de mère et de chrétienne, et perdre la confiance de leur entourage. Dans certains conseils de paroisse, des cas d'avortement sont évoqués publiquement, ce qui renforce la honte et l'isolement des femmes concernées. Ce type de mise en visibilité contribue à faire de l'avortement non seulement une faute religieuse, mais aussi une humiliation sociale.

Là où les Églises protestantes mettent en avant la responsabilité morale, les Églises pentecôtistes mobilisent une autre dimension : celle du surnaturel et du combat spirituel.

Le pentecôtisme, adopte un discours plus radical. Dans ce courant, l'avortement est qualifié d'atteinte directe à la volonté divine et une porte ouverte au diable. Les pasteurs insistent sur le fait que chaque vie est investie d'une mission que Dieu a confiée à l'enfant à naître ; mettre fin à une grossesse revient donc à empêcher l'accomplissement d'un destin sacré. Les prêches pentecôtistes emploient souvent un langage apocalyptique, ce qui renforce l'impact psychologique de leur message.

Mais au-delà du discours religieux, le pentecôtisme introduit une représentation spirituelle particulière des enfants non-nés, qui amplifie encore la peur et la culpabilité.

Dans ce cadre, les enfants avortés sont parfois décrits comme des « esprits errants » ou des « fantômes » capables de hanter la mère ou sa famille. Ces représentations, souvent relayées dans les assemblées, génèrent une peur profonde : les femmes se sentent exposées à des malédictions, à la stérilité future, voire à des blocages spirituels qui affecteraient leur vie entière. Le pentecôtisme transforme donc l'avortement en une double faute : un crime terrestre et un danger surnaturel, où la culpabilité religieuse se combine à la terreur mystique.

Si les Églises chrétiennes occupent une place centrale, les croyances traditionnelles restent elles aussi actives et renforcent la perception négative de l'avortement.

Les croyances traditionnelles, encore vivaces malgré l'influence des religions importées, considèrent l'avortement comme une transgression grave envers l'ordre ancestral. Dans les cosmologies fang, punu ou gisir, chaque naissance est perçue comme voulue par les ancêtres et garante de la continuité du lignage. Refuser une grossesse revient à rompre le pacte spirituel avec les défunts, à risquer leur colère et à mettre en péril la prospérité du clan tout entier. La femme qui avorte est alors soupçonnée d'avoir brisé l'équilibre qui relie les vivants aux morts.

Cette conception, ancrée dans les représentations du lignage et de la filiation, va encore plus loin lorsqu'elle associe l'avortement à un désordre spirituel durable.

Certaines traditions, comme celle des Gisir, affirment en effet que l'âme d'un enfant non accueilli reste errante, incapable de rejoindre le monde des ancêtres et peut revenir renaître. Ce refus d'intégrer l'enfant au cycle de la vie et de la mort en fait une présence inquiétante, porteuse de malheur. L'avortement devient alors un double tabou : faute morale et perturbation cosmologique. Dans certains villages, une femme soupçonnée d'avoir interrompu une grossesse doit subir des rituels de purification pour rétablir l'équilibre, apaiser les esprits et éviter que les ancêtres n'infligent stérilité, maladie ou misère à la famille.

Ainsi, qu'il s'agisse de l'Église catholique, des Églises protestantes et pentecôtistes ou des traditions ancestrales, tous convergent vers une condamnation forte de l'avortement, mais selon des registres différents (théologique, moral, surnaturel ou cosmologique) qui s'additionnent et renforcent la stigmatisation des femmes. Tous affirment la valeur sacrée de la vie et rejettent l'interruption volontaire de grossesse, renforçant l'idée que la maternité n'est pas un choix individuel mais une responsabilité spirituelle et communautaire. Ce consensus religieux et culturel alourdit considérablement le poids social qui pèse sur les femmes. Il alimente la stigmatisation, la culpabilité et la clandestinité, transformant l'avortement en un espace de tension permanente entre liberté individuelle et devoir sacré.

Face à cette domination des normes religieuses et culturelles qui confine littéralement les femmes dans une maternité perçue comme obligation et sacrée, l'élargissement des droits reproductifs apparaît comme une voie incontournable pour reconfigurer les rapports de genre et offrir aux femmes une autonomie corporelle et sociale renforcée.

4. L'élargissement des droits reproductifs : vers une autonomie féminine renforcée ?

L'élargissement des droits reproductifs constitue un enjeu central dans la redéfinition des rapports sociaux de genre au Gabon. Comme l'ont montré les travaux de la sociologie féministe et des études postcoloniales, les droits liés à la sexualité et à la reproduction ne se réduisent pas à une question biomédicale : ils relèvent de rapports de pouvoir, de normes sociales et de dynamiques de citoyenneté (Foucault, 1976 ; Fraser, 2005). L'accès à l'interruption volontaire de grossesse (IVG), à la contraception moderne, à une information fiable en matière de sexualité et à des services de santé reproductive de qualité participe à la construction de ce que l'on peut appeler une « autonomie corporelle », condition préalable à l'autonomie sociale et économique.

En permettant aux femmes de choisir, quand et combien d'enfants elles souhaitent avoir, ces droits opèrent un déplacement significatif du pouvoir décisionnel : celui-ci n'est plus exclusivement ancré dans les normes familiales, religieuses ou coutumières, mais dans la volonté individuelle. Autrement dit, l'appropriation des droits reproductifs traduit une transformation de la femme en sujet moral et politique capable de décision, et non plus uniquement en objet de régulation sociale. Cette évolution s'inscrit dans une perspective de « capabilités » (Sen, 1999, p.36 ; Nussbaum, 2000, p. 33), où l'émancipation ne réside pas uniquement dans la reconnaissance formelle d'un droit, mais dans la possibilité réelle de l'exercer.

Des exemples empiriques tirés des focus groups organisés avec des femmes de divers statuts socioprofessionnels parmi nos informateurs, permettent de saisir cette dynamique. Des jeunes femmes urbaines, disposant d'un accès à l'information médicale et à des services de santé adaptés, ont pu retarder une maternité afin de poursuivre des études supérieures ou s'insérer durablement sur le marché du travail. Cette trajectoire illustre le passage d'une maternité contrainte à une maternité choisie, qui ouvre la voie à une meilleure participation économique et politique. À l'inverse, des adolescentes du village Mourimatsiengui dans la province de la Ngounié et Massika dans la province du Moyen-Ogooué, confrontée au manque de structures de santé, au poids des traditions valorisant la maternité précoce, demeurent largement dépossédées de cette capacité de choix. La juxtaposition de ces deux situations illustre comment l'élargissement des droits peut, paradoxalement, accentuer les fractures sociales au lieu de les réduire.

Le contraste entre zones urbaines et rurales, mais aussi entre catégories sociales, met en lumière l'importance des déterminants sociaux de la santé reproductive. L'éducation, le revenu, la mobilité géographique et le capital social conditionnent fortement la possibilité pour les femmes de transformer un droit légal en ressource effective. Comme le souligne Naila Kabeer (1999), l'autonomisation des femmes ne peut se comprendre que dans l'articulation entre ressources, agentivité et réalisations : disposer d'un cadre légal ne garantit pas automatiquement la capacité d'action, si les ressources matérielles et symboliques restent inaccessibles.

Il convient donc de souligner que l'élargissement des droits reproductifs, en contexte gabonais, ne peut être lu uniquement comme un progrès linéaire vers plus d'égalité de genre. D'un côté, il contribue à une redistribution symbolique du pouvoir entre les hommes et les femmes, en légitimant l'idée d'un corps féminin non plus « approprié » par la communauté mais autodéterminé. De l'autre, il révèle les limites structurelles d'un système de santé inégalitaire, d'un tissu social marqué par la persistance de normes patriarcales et de contraintes économiques fortes.

En ce sens, les droits reproductifs s'érigent comme un champ où se rejouent les tensions entre modernité juridique et ténacité des pratiques sociales. Pour que ces droits deviennent un levier effectif de plus d'autonomie féminine et non un privilège réservé à une minorité urbaine, leur élargissement doit être accompagné de politiques publiques transformatrices : plus de formation du personnel médical en zones rurales, subventions ciblées des moyens de contraception, programmes d'éducation sexuelle adaptés aux contextes culturels locaux et implication des autorités coutumières et religieuses dans les campagnes de sensibilisation.

En somme, loin de se réduire à une dimension sanitaire, les droits reproductifs apparaissent comme un espace de politisation du corps féminin, au cœur de la redéfinition des rapports de genre et bien plus d'inclusion citoyenne des femmes au Gabon. De ce fait, si l'élargissement des droits reproductifs ouvre la voie à plus d'émancipation réelle, il reste un processus mouvementé où l'autonomie féminine se construit progressivement et dans la confrontation avec des normes sociales et culturelles profondément ancrées. C'est précisément dans ce contexte de tensions entre émancipation et contraintes normatives que la reconnaissance du motif psychologique dans l'accès à l'avortement prend tout son sens, car elle introduit la subjectivité féminine comme critère légitime et ouvre la possibilité d'une transformation en profondeur des représentations sociales de la maternité et du choix reproductif.

5. La reconnaissance du motif psychologique : valoriser la subjectivité féminine et transformer les normes sociales

La reconnaissance juridique du motif psychologique comme justification de l'interruption volontaire de grossesse (IVG) introduit une rupture normative majeure dans le paysage des droits reproductifs au Gabon. En considérant la détresse émotionnelle, la souffrance mentale ou la fragilisation psychologique de la femme comme des critères légitimes, le droit confère une centralité nouvelle à la subjectivité féminine dans les décisions reproductives. Cette évolution traduit une transition importante : la maternité n'est plus seulement appréhendée à travers des impératifs biologiques (capacité à procréer), sociaux (attentes familiales, continuité du lignage) ou communautaires (préservation de l'honneur et de la cohésion collective), mais également en termes de capacité individuelle à accueillir un enfant dans un contexte psychologique donné.

Une telle reconnaissance engage une redéfinition du statut des femmes en tant que sujets de droit. Dans une perspective inspirée des théories des capabilités (Sen, 1999, op.cit. ; Nussbaum, 2000, op.cit.), le choix reproductif n'apparaît plus uniquement comme une contrainte biologique ou une injonction sociale, mais comme une liberté substantielle : celle de déterminer, en fonction de son équilibre psychologique, si la maternité est compatible avec son projet de vie et ses ressources émotionnelles. Ce déplacement du centre de gravité, du collectif vers l'expérience intime, participe d'un processus d'individuation (Elias, 1991) qui transforme les rapports sociaux de genre en introduisant l'idée que la voix des femmes, longtemps parfois disqualifiée dans l'espace public, constitue une source de légitimité politique et juridique.

Cette mesure a des implications particulièrement significatives dans le contexte gabonais, où la maternité est souvent pensée comme une responsabilité collective et sacrée, inscrite dans un réseau de normes coutumières et religieuses. Reconnaître le motif psychologique revient à affirmer que la maternité peut également être refusée sur la base d'une intériorité subjective, une idée en rupture avec la conception traditionnelle qui valorise la femme avant tout comme mère et garante de la continuité du lignage. En ce sens, le droit à l'IVG pour raisons psychologiques constitue une remise en cause symbolique du monopole collectif sur le corps féminin, en reconnaissant que la souffrance psychique est aussi un fait social et politique, et non une réalité privée et invisible.

Cependant, cette reconnaissance ne va pas sans résistances. Les acteurs religieux et traditionnels y voient une menace pour l'ordre établi, car elle déplace le pouvoir décisionnel de la communauté vers l'individu. En insistant sur l'expérience personnelle, le droit semble rompre avec une logique de solidarité familiale et communautaire pour légitimer un choix reproductif autonome. Cette individualisation est parfois perçue comme une menace pour la cohésion sociale : la maternité, au lieu de relever d'un devoir collectif, devient un choix intime et révocable, ce qui bouleverse l'économie symbolique du lignage et les rapports de genre traditionnels.

De plus, la reconnaissance du motif psychologique interroge les modalités pratiques de son application. Comment mesurer la « détresse psychologique » d'une femme ? Quels professionnels sont habilités à la constater et à en garantir la légitimité ? La médicalisation de la souffrance psychique, si elle permet une reconnaissance institutionnelle, comporte aussi le risque d'une nouvelle forme de contrôle sur la parole féminine, par l'entremise d'experts psychiatres ou psychologues investis du pouvoir de valider ou non l'expérience subjective. Cette tension reflète ce que Foucault

(1976, op.cit., p.183) nomme la « médicalisation du social », où l'intime devient un objet de normalisation institutionnelle.

En définitive, la reconnaissance du motif psychologique pour l'IVG dépasse le simple registre juridique : elle constitue un lieu de confrontation entre modernité et tradition, entre l'affirmation d'une autonomie individuelle et la persistance de normes collectives. En valorisant la parole des femmes et en inscrivant leur subjectivité comme critère légitime de décision, cette évolution ouvre la voie à une reconfiguration profonde des rapports de pouvoir entre les hommes et les femmes. Elle contribue à transformer la maternité, non plus en obligation sociale immuable, mais en expérience négociée, façonnée à l'intersection des aspirations individuelles et des contraintes culturelles.

Ainsi, cette mesure pourrait constituer une étape décisive dans la redéfinition du statut des femmes au Gabon : en reconnaissant la valeur politique de leur subjectivité, elle participe à l'élargissement de leur citoyenneté et à l'affirmation de leur droit à disposer d'elles-mêmes, tout en révélant les résistances structurelles qui traversent la société.

Cependant, au-delà des avancées législatives et symboliques, l'effectivité du droit à l'avortement dépend largement des conditions concrètes d'accès aux services, soulignant l'importance d'examiner les obstacles institutionnels et économiques qui peuvent entraver l'autonomie reproductive des femmes au Gabon.

6. Les obstacles institutionnels et économiques liés à l'accès à l'avortement

L'examen des obstacles institutionnels et économiques à l'accès à l'avortement au Gabon révèle les mécanismes sociaux, structurels et politiques qui conditionnent l'effectivité des droits reproductifs, bien au-delà de leur simple reconnaissance légale. L'inégalité d'accès aux services de santé reproductive entre zones urbaines et rurales illustre le rôle du capital spatial et social dans la concrétisation des droits : les femmes vivant dans les centres urbains bénéficient d'infrastructures mieux équipées, de personnel médical formé et d'une proximité avec les dispositifs sanitaires, alors que celles des zones rurales ou isolées doivent souvent parcourir de longues distances pour accéder à des soins sécurisés, ce qui accroît le recours à des pratiques clandestines, risquées et stigmatisées. Les coûts financiers associés à l'IVG et à la contraception constituent un frein supplémentaire, particulièrement pour les femmes défavorisées, démontrant comment les inégalités économiques se traduisent en inégalités d'accès aux droits, en limitant l'autonomie réelle des femmes face à leur corps.

La disponibilité inégale du personnel médical et la qualité hétérogène des infrastructures sanitaires mettent en évidence la dimension institutionnelle de ces obstacles : l'État, par la distribution de ses ressources et l'organisation de ses services, exerce un biopouvoir (Foucault, 1976, p.10) qui conditionne indirectement la capacité des individus à exercer leur autonomie corporelle et reproductive. Les procédures administratives complexes, incluant les exigences de multiples consultations ou justificatifs, constituent des barrières bureaucratiques supplémentaires, renforçant la dépendance des femmes vis-à-vis des institutions et limitant l'accès effectif à l'avortement.

Par ailleurs, l'efficacité de l'accès à l'IVG est étroitement liée à la portée, à la coordination et à la mise en œuvre des politiques publiques et programmes de planification familiale. Ces dispositifs sont essentiels pour transformer un droit formel en droit effectif, garantissant que l'autonomie reproductive ne reste pas une abstraction juridique mais se traduise en pratiques concrètes et sécurisées.

Ainsi, ces obstacles économiques, institutionnels et bureaucratiques mettent en lumière la tension structurelle entre autonomie individuelle et contraintes sociales et matérielles. Ils révèlent que l'émancipation reproductive ne peut se réduire à une simple réforme législative : elle exige une articulation cohérente entre législation, infrastructures, ressources humaines et transformation des rapports sociaux de genre. Ce n'est qu'en prenant en compte l'ensemble de ces dimensions que la capacité des femmes à décider de leur corps peut devenir une réalité tangible, socialement reconnue et durablement protégée.

Conclusion

L'analyse de la question de l'avortement au Gabon met en lumière la complexité d'un champ traversé par des tensions multiples, articulant à la fois normes religieuses, impératifs de santé publique, traditions sociales et revendications d'autonomie individuelle. L'élargissement récent du cadre juridique, notamment avec la reconnaissance du motif psychologique pour recourir à une interruption volontaire de grossesse (IVG), illustre la volonté de redéfinir la place des femmes comme sujets de droit autonomes, et non plus simplement comme vecteurs de reproduction sociale. Cette évolution confère une valeur politique et sociale à la subjectivité féminine, en inscrivant l'expérience intime et la détresse psychologique au cœur du processus décisionnel, et ouvre ainsi de nouvelles perspectives pour l'émancipation et l'autonomie corporelle des femmes.

Cependant, la mise en œuvre effective de ces droits se heurte à des obstacles structurels et symboliques. Les poids conjugués des normes religieuses et coutumières, combinés aux inégalités socio-économiques et aux disparités territoriales, limitent l'accès concret aux services de santé reproductive, particulièrement dans les zones rurales. La disposition selon laquelle la femme enceinte serait seule à même de juger de la réalité et du degré de sa détresse psychologique constitue certes un outil d'émancipation, mais elle introduit également un enjeu majeur de responsabilité individuelle. La femme doit assumer seule la légitimité morale et sociale de sa décision, ce qui peut générer une pression psychologique accrue dans un contexte de forte stigmatisation sociale. Cette individualisation du choix reproductif accentue les tensions entre autonomie personnelle et contraintes normatives, en particulier dans les communautés où la maternité reste perçue comme un devoir collectif ou un impératif spirituel.

La subjectivité comme critère légal pose par ailleurs des défis pratiques et éthiques. La mesure de la détresse psychologique repose sur un jugement intrinsèquement subjectif, non médié par un professionnel de santé ou une instance judiciaire, et soulève des questions sur la fiabilité de l'évaluation et les recours possibles en cas de contestation. Dans un contexte où l'accès aux services de santé mentale est limité, cette responsabilité exclusive peut accentuer les inégalités d'accès à l'IVG entre femmes urbaines, mieux informées et accompagnées, et femmes rurales ou marginalisées.

Au-delà de ces enjeux pratiques, la reconnaissance légale de la détresse psychologique a un impact symbolique et sociétal considérable. Elle légitime la capacité des femmes à évaluer leur aptitude à devenir mères, redéfinit les rapports de pouvoir entre individus et communautés, et transforme la maternité en un choix personnel légitime, inscrit dans le droit. En valorisant l'expérience subjective, cette mesure participe à une transformation des normes sociales, en plaçant l'autonomie corporelle et psychologique des femmes au centre de la citoyenneté.

Toutefois, cette même disposition peut paradoxalement renforcer les tensions sociales. Dans une société où les normes religieuses et coutumières restent prégnantes, la valorisation de la subjectivité féminine peut être perçue comme une remise en cause de l'autorité collective, plaçant les femmes dans une situation où leur jugement légalement reconnu reste socialement contesté, renforçant ainsi la stigmatisation et la culpabilisation.

Pour finir, l'avortement au Gabon apparaît comme un prisme privilégié pour observer les transformations contemporaines des rapports de genre. Il illustre à la fois les avancées normatives et les résistances structurelles qui freinent leur effectivité, et met en évidence la nécessité d'articuler réforme juridique, politiques publiques inclusives et travail sur les représentations sociales afin que le droit à disposer de son corps ne demeure pas une abstraction réservée à une minorité, mais devienne une réalité vécue par toutes les femmes.

L'enjeu dépasse donc la seule question de l'accès à l'IVG : il s'agit d'un processus de reconfiguration du contrat social, dans lequel l'intégration pleine et entière des femmes comme citoyennes autonomes dépend de la reconnaissance de leur capacité à décider pour elles-mêmes, y compris dans le domaine le plus intime, celui de la maternité. La question de l'avortement se situe ainsi à l'intersection de la légalité, de la subjectivité et des transformations profondes des rapports sociaux de genre, faisant de la lutte pour l'autonomie reproductive un enjeu à la fois juridique, social et politique.

Bibliographie

Balondji, S.-T., (2019), « La sexualité de divertissement en milieu urbain gabonais », *Revue Gabonaise de Sociologie*, n° 10, pp. 7-18.

Bourdieu, P. (1979), *La Distinction : Critique sociale du jugement,* Paris, Éditions de Minuit, 576 p 240.

Bourdieu, P., (1980), *Le sens pratique.* Paris, Minuit, 336 pages.

Butler, J. (2007), *Trouble dans le genre : Le féminisme et la subversion de l'identité*, Paris, La Découverte 312 p.

Butler, J. (2006), *Désassignations de genre* (Undoing Gender, trad. française, Paris : Éditions Amsterdam, 192 p.

Elias, N., (1991). La société des individus. Paris, Fayard 294 p.

Foucault, M., (1975). *Surveiller et punir : naissance de la prison.* Paris, Gallimard, 348 p.

Foucault, M., (1976), La volonté de savoir (Histoire de la sexualité, tome 1). Paris, Gallimard, 304 p.

Goffman, E., (1975). *Stigmate : Les usages sociaux des handicaps,* Paris, Les Éditions de Minuit, 326 p.

Goffman, E., (1973). *La mise en scène de la vie quotidienne*, Paris, Minuit, 320 p.

Foucault, M., (1975). *Surveiller et punir : Naissance de la prison.* Paris, Gallimard, 348 p.

Foucault, M., (1976). *Histoire de la sexualité, Tome 1 : La volonté de savoir.* Paris, Gallimard, 304 p.

Fraser, N., (2005). Qu'est-ce que la justice sociale ? Reconnaissance et redistribution, Paris, La Découverte, 192 p.

Kabeer, N., (1999). Resources, Agency, Achievements: Reflections on the Measurement of Women's Empowerment. Development and Change, n°30(3), pp. 435–464.

Nussbaum, M. C., (2000), Women and Human Development, The Capabilities Approach. Cambridge, Cambridge University Press, 384 p.

Sen, A., (1999), Development as Freedom. Oxford : Oxford University Press, 366 p.

West, C., & Zimmerman, D. H, (1987), Faire le genre. *Genre et société,* n° 1 (2), pp. 125–151.

IV.

L'IVG chez les adolescentes gabonaises, entre loi et silence

NDEMBI NDEMBI AIMÉE PATRICIA
Département de Recherche sur les Dynamiques Sociales
IRSH/CENAREST
(Présidente du Réseau d'Afrique Centrale pour
la Santé reproductive des femmes « GCG »
ndembipatricia@yahoo.fr

Résumé

Cette étude se penche sur les discours des adolescentes face à l'accès à l'avortement dans le contexte des récentes modifications de la loi sur l'avortement au Gabon. Cette nouvelle législation permet désormais aux femmes, qu'elles soient jeunes ou adultes, de recourir à un avortement sécurisé en cas de détresse. En analysant les propos recueillis auprès d'un groupe d'adolescentes, notre recherche met en lumière les réticences exprimées et les perceptions mitigées observées chez ces jeunes quant au « libre accès » à l'avortement sécurisé et juridiquement encadré. Nous abordons également les facteurs socioculturels et psychologiques qui influencent leur position, tout en soulignant l'importance de l'éducation et du soutien en matière de santé reproductive, envisagés comme forces devant leur permettre de surmonter ces obstacles liés à la pratique abortive légalisée.

Mots clés : Loi, silence, adolescentes, avortement, réticences

Abstract

This study examines the discourses of adolescent girls regarding access to abortion in the context of recent changes to abortion law in Gabon. This new legislation now allows women, whether young or adult, to seek a safe abortion in cases of distress. By analyzing statements collected from a group of adolescent girls, our research highlights the hesitations expressed and the mixed perceptions observed among these young people regarding the "free access" to safe abortion (legally regulated abortion). We also address the sociocultural and psychological factors that influence their stance, while emphasizing the importance of education and support in reproductive health, viewed as strengths that could help them overcome obstacles related to legalized abortion practice.

Keywords: Law, silence, adolescents, abortion, hesitations

Introduction

L'accès à l'avortement est un sujet mondial qui suscite des débats passionnés et souvent entouré de complexités légales, éthiques et socioculturelles. Dans de nombreux pays, y compris le Gabon, des modifications législatives ont récemment été adoptées pour permettre un accès plus sécurisé à l'avortement, notamment en cas de détresse psychologique. Cependant, ces changements législatifs ne sont pas toujours accompagnés des campagnes d'informations pour le grand public, et même pour les professionnels de santé. Tout ceci concourt à retarder ou ralentir une acceptation sociale ou individuelle des nouvelles modalités pratiques de l'IVG.

Le nouveau code pénal de juillet 2019 a introduit la notion d'Interruption Thérapeutique de Grossesse (ITG). L'ITG est ainsi autorisée dans les cas de malformations graves du fœtus, des risques pour la vie de la mère et dans les cas des grossesses résultant d'inceste et de viol. En 2021, la loi du 6 septembre a apporté des modifications terminologiques. L'ITG est devenue l'IGA : Interruption de Grossesse Autorisée. Cette évolution ouvre l'accès à une plus grande flexibilité. La réforme de 2021 a également conduit à la suppression de certaines exigences comme l'avis médical pour attester de l'état de détresse psychologique de la femme. Désormais, la femme enceinte peut elle-même déclarer son état de détresse au médecin.

Nonobstant ces réformes législatives, l'accès à l'avortement au Gabon reste compliqué et présente plusieurs défis, liés notamment à son acceptabilité ou plutôt à son inacceptabilité et à la difficulté de son adoption effective. Généralement, l'avortement est encadré par des lois restrictives dans de nombreux pays d'Afrique Noire. Dans ce cas, pratiquer un avortement volontaire reste un acte illégal puni par la loi.

Dans le cadre des droits reproductifs au Gabon, les articles 376 et 377 du Code Pénal jouent un rôle central. L'article 376 stipule que : « Quiconque, par aliments, breuvages, médicaments, manœuvres, violences ou par tout autre moyen, a procuré ou tenté de procurer l'avortement d'une femme enceinte ou supposée enceinte, qu'elle y ait consenti ou non, est puni d'un emprisonnement de 5 ans au plus et d'une amende de 2 000 000 de francs au plus ». De même, l'article 377 précise que « Est punie d'un emprisonnement de 2 ans au plus et d'une amende de 1 000 000 de francs au plus, ou de l'une de ces deux peines seulement, la femme qui s'est procuré l'avortement à elle-même, qui a tenté de se le procurer ou qui a consenti à faire usage des moyens à elle indiqués ou administrés à cet effet ».

Ces deux articles criminalisant l'avortement peuvent avoir des répercussions significatives sur les femmes en âge de procréer, notamment en les exposant à des risques graves pour leur santé, tels que le recours à l'avortement dans des conditions non médicalisées pouvant entraîner des complications mortelles. D'une part, ces dispositions légales sont censées protéger la vie prénatale et dissuader la pratique d'avortements illégaux. Cependant, elles peuvent aussi engendrer des conséquences néfastes pour les adolescentes et les femmes en situation de vulnérabilité.

Répercussions du silence institutionnel sur les adolescentes

La criminalisation de l'avortement pousse de nombreuses femmes à rechercher des moyens accessibles pour interrompre une grossesse non désirée. Cette situation peut être à l'origine de complications graves telles que des infections, des hémorragies et le décès des femmes lorsque la prise en charge n'est pas possible en raison du manque de ressources médicales ou de l'absence de personnel qualifié. De plus, la stigmatisation associée à l'avortement, dans notre contexte, peut engendrer des conséquences psychologiques, sociales et économiques, accentuant la marginalisation des femmes et des adolescentes.

Pour Fatchina (2021), l'avortement, qu'il soit pratiqué dans la clandestinité ou dans les conditions prévues par la loi, reste encore un problème sensible dans les sociétés africaines. En effet, les traditions africaines valorisent fortement la procréation. D'ailleurs, ne dit-on pas en Afrique Noire que l'enfant à naître est à la fois l'envoyé de Dieu, des ancêtres, des génies » (Ndembi Ndembi, 2011, p. 71). Cette valorisation est souvent liée à l'influence des croyances culturelles et religieuses.

Dans leurs travaux intitulés Procréations médicales et mondialisations. Expériences africaines, Bonnet et Duchesne (2016) mettent en lumière l'importance de la procréation dans les sociétés africaines ainsi que les défis liés à l'infertilité. Ekang Mvé (2014), dans ses travaux, explore les représentations sociales de l'infertilité au Gabon. Pour elle, l'infécondité peut être attribuée à la sorcellerie familiale qui constitue une entrave à la procréation. C'est pourquoi le couple infécond pense se libérer de cette sorcellerie tenue pour responsable de son infertilité.

Divay (2004, P. 200), affirme que « l'avortement représente un type de déviance qui permet de se soustraire aux jugements d'autrui » soulignant ainsi la manière dont cet acte peut être perçu comme une réponse aux normes sociales oppressives. Dans le contexte gabonais, où les adolescentes sont souvent confrontées à des injonctions contradictoires entre sexualité, maternité et dignité, cette lecture prend une résonance particulière. Mathieu (2016), pour sa part, met en lumière la stigmatisation persistante de l'avortement dans les sociétés valorisant fortement la maternité. Elle montre comment cette stigmatisation influence le parcours de soins des femmes et leur rapport à leur corps, en lien avec les rapports de genre et les mécanismes de contrôle social. Ces deux approches permettent d'interroger les silences et les tensions qui entourent l'IVG chez les adolescentes gabonaises, entre légalité, moralité et effacement.

Ferrand et Jaspard (1997), dans leur ouvrage *L'interruption volontaire de grossesse*, analysent les enjeux sociaux, juridiques et psychologiques liés à l'avortement en France. Selon leur approche, les restrictions légales ne visent pas tant à éradiquer l'avortement qu'à le déplacer dans l'illégalité, exposant ainsi les femmes à des risques accrus. D'un point de vue clinique, cette situation impose aux femmes une expérience conflictuelle, souvent marquée par la culpabilité et la peur du jugement. L'acte abortif devient alors un tabou social, susceptible de fragmenter l'intégration psychique des femmes concernées. Cette tension psychique prolonge les effets décrits par Ferrand et Jaspard, en les inscrivant dans l'expérience singulière des adolescentes confrontées à l'IVG.

Chez les adolescentes, en pleine construction identitaire, ces contraintes légales accentuent un dilemme émotionnel puissant. Elles doivent concilier, d'une part, leur émergence vers l'autonomie et le droit fondamental de disposer de leur corps, et, d'autre part, la crainte d'un jugement sévère et d'une sanction symbolique (ou légale) fortement intériorisée. Ce conflit est souvent vécu comme une ambivalence déstabilisante où se manifestent des mécanismes de défense tels que le refoulement ou la dissociation, permettant temporairement de contenir l'angoisse liée à l'impossibilité d'externaliser ces ressentis contradictoires.

Ces mécanismes de défense jouent un rôle central dans la gestion du conflit intérieur. Le refoulement consiste à rejeter inconsciemment hors de la conscience des pensées ou émotions jugées inacceptables, comme la culpabilité ou la peur liées à l'avortement (Freud, 1905). La dissociation, quant à elle, traduit une forme de déconnexion entre les émotions et la réalité vécue, permettant à l'adolescente de se protéger temporairement d'un vécu trop intense ou traumatique.

Les répercussions psychologiques cliniques se traduisent notamment par un accroissement de l'anxiété et du stress. L'activation prolongée du système nerveux, induite par la peur des sanctions légales et la stigmatisation sociale, peut favoriser l'apparition de troubles anxieux généralisés ou même des symptômes de stress post-traumatique – comme le souligne une synthèse publiée par l'Institut Européen de Bioéthique (2011), qui recense plusieurs études cliniques mettant en évidence les effets psychiques délétères de l'avortement mal accompagné.

Lorsqu'il n'est pas régulé, ce stress chronique risque de compromettre la stabilité émotionnelle et la résilience psychique des patientes. La dépression apparaît également comme une conséquence clinique majeure, se traduisant par des symptômes tels qu'une tristesse persistante, une perte d'intérêt pour les activités quotidiennes, des troubles du sommeil, une fatigue chronique et une diminution de l'estime de soi. La sensation d'impuissance et de désespoir, renforcée par l'incapacité d'accéder à des services de santé sécurisés, favorise l'installation de ce schéma dépressif, qui peut altérer durablement le fonctionnement psychique et social des adolescentes. Sur le plan du traumatisme psychologique, le recours aux procédures clandestines expose les femmes à des expériences particulièrement violentes sur le plan émotionnel. Les conditions dangereuses et non encadrées peuvent favoriser l'apparition de symptômes traumatiques (rappels intrusifs, évitement, hypervigilance), illustrant la difficulté d'intégrer l'événement dans un récit cohérent de vie. Cette dynamique de traumatisation est amplifiée par la stigmatisation, qui renforce l'idée que l'avortement se situe en marge des normes de respect de soi.

Les sentiments de culpabilité et de honte se trouvent exacerbés par l'intériorisation des normes culturelles et sociales négatives. Dans ce contexte, la stigmatisation interne devient un facteur déterminant dans la dégradation de l'estime de soi, impactant lourdement le bien-être émotionnel et favorisant l'émergence de comportements autodestructeurs.

Enfin, l'isolement social, souvent perçu comme une stratégie d'évitement face au rejet ou à l'ostracisation, apparaît également, d'un point de vue clinique, comme un mécanisme de retrait qui, à long terme, entrave la régulation affective. Ce retrait social empêche l'accès à un soutien essentiel pouvant faciliter la résilience et le recouvrement, ce qui peut participer à l'aggravation des troubles psychiques.

Au regard de ces constats, cette étude vise à analyser comment les discours stigmatisants participent à la construction des réticences des adolescentes vis-à-vis de l'avortement et influencent leur santé mentale. Elle explore les répercussions psychiques et sociales du silence institutionnel autour de l'IVG au Gabon, en mettant en lumière les freins persistants à l'accès aux soins.

Hypothèses

- **Hypothèse 1 :** Les adolescentes confrontées à des discours stigmatisants sur l'avortement développent une ambivalence affective, oscillant entre une volonté d'affirmation de leur autonomie corporelle et une peur du rejet social, influençant ainsi leurs représentations et leur prise de décision.
- **Hypothèse 2 :** Les normes culturelles et religieuses exercent une influence déterminante sur la manière dont les

adolescentes perçoivent et intègrent les nouvelles dispositions législatives relatives à l'accès à l'avortement, façonnant leur discours et leurs choix en fonction des attentes et pressions sociales.

Méthodologie

Choix de l'approche méthodologique

Notre approche qualitative s'appuie sur l'analyse des discours des adolescentes. Cette méthode vise à explorer leurs perceptions, leurs réticences et les facteurs influençant leur rapport à l'avortement, dans le contexte des récentes modifications de la loi. Comme le soulignent Denzin et Lincoln (2011), l'approche qualitative permet de saisir les dimensions subjectives, culturelles et sociales d'un phénomène, en privilégiant une compréhension approfondie des expériences vécues et des significations qui les entourent.

Collecte des données

La collecte des données s'est effectuée auprès d'un groupe de discussion composé de 30 adolescentes âgées de 16 à 23 ans, résidant à Akanda, une périphérie de Libreville, en septembre 2024. En complément, 10 entretiens individuels semi-directifs ont été réalisés, suivant les recommandations méthodologiques de Legard, Keegan et Ward (2003) sur les entretiens qualitatifs.

Analyse des données

Les données transcrites ont été analysées à l'aide de l'analyse thématique du discours, comme décrite par Braun et Clarke (2006). Cette méthode consiste à identifier les thèmes récurrents, à regrouper les idées similaires et à interpréter les significations sous-jacentes présentes dans les discours des participantes.

Résultats

Les témoignages recueillis auprès des adolescentes révèlent des expériences marquées par la peur, le silence et le manque d'accompagnement, illustrant les conséquences concrètes de la législation sur l'IVG au Gabon.

Nous présentons ci-dessous quelques extraits des discours des adolescentes :

1. La sexualité dans l'espace familial : entre silence et malaise

Ce point regroupe les perceptions des adolescentes sur la manière dont la sexualité est abordée au sein de leur famille. Les discours mettent en évidence des situations où la sexualité est rarement évoquée, considérée comme un tabou. Certaines adolescentes décrivent une gêne ou une peur de parler de sexualité avec leurs parents. D'autres mentionnent des échanges possibles mais rares. Les adolescentes évoquent aussi une parole parentale perçue comme moralisatrice et non adaptée à leur réalité.

« Même quand vous discutez avec votre mère dans la chambre, elle hausse la voix » ; *« Vous-même, vous avez honte déjà de parler de ça »* ; *« c'est tabou, oui c'est tabou, c'est vraiment tabou, chez nous c'est tabou »* ; *« Chez moi, c'est bon. On peut parler de sexualité avec les parents » ; « Les enfants n'osent pas parce qu'ils ont peur de la réaction des parents » ; « C'est vrai, parce qu'il y a aussi la catégorie des parents qui parlent grossièrement aux enfants. Avec un langage vraiment... Bizarre. Donc forcément, c'est... l'enfant est désorienté. » ; « Parce qu'à la maison, les gens n'en parlent pas ». Un parent ne peut pas venir te dire, par exemple, tu vois, ma fille, tu es en âge d'avoir des rapports sexuels voici quelles précautions prendre, ils utilisent toujours un langage qui culpabilise les enfants » ; « Mais oui, pour le parent, leur enfant est encore enfant, on ne doit pas lui parler de ça (*sexualité*) » ; « Non... Nous ne parlons pas de sexualité*

ce n'est pas d'habitude, c'est vraiment le tabou-tabou, les parents pensent peut-être que nous sommes toujours des bébés alors que… » ; « mes parents, mon père et ma mère, à partir de 13 ans, maman m'emmenait toujours dans ma chambre pour me donner des petits conseils ».

2. L'avortement face aux incertitudes législatives : entre interdits et exceptions

Ce deuxième point rassemble les représentations des adolescentes concernant la législation sur l'avortement au Gabon. Les extraits des discours montrent une diversité des perceptions. Certaines considèrent l'avortement comme totalement interdit. D'autres évoquent des exceptions possibles. L'information sur la loi semble floue pour la majorité d'entre elles.

L'avortement est Interdit (19 voix) ; « Je pense que c'est autorisé et interdit aussi. Dans les cas de maladie, je pense que c'est autorisé. Mais dans les autres je pense que c'est illégal » ; « Il est interdit, à part si le fœtus a un souci » ; « L'avortement est interdit ; c'est l'information que tout le monde a » ; « C'est interdit. Ok, interdit totalement » ; « Non, ça on ne sait jamais si l'enfant est mal formé il va être autorisé d'avorter ».

3. Médecins et avortement : confiance, peur et hésitations des adolescentes

Le troisième point présente les attitudes des adolescentes face aux professionnels de santé dans le cadre d'une demande d'avortement. Les discours révèlent des hésitations à consulter un médecin pour des raisons diverses. Certaines adolescentes expriment une préférence pour l'avortement clandestin et d'autres envisagent d'aller vers les spécialistes en cas d'avortement.

« Non, parce que je ne crois pas… parce que je pense qu'ils n'ont pas l'information » ; « Pour moi, déjà, l'information

selon laquelle c'est autorisé, je ne pense pas que c'est vrai » ; *« Et donc certaines femmes, étant enceintes, qui voudraient pouvoir le faire, n'ayant pas l'information, ne pourraient pas le faire, parce que ce sera un peu compliqué, et le médecin, lui, il va cacher l'information, parce que quand l'information est donnée, les femmes iront demander »* ; *« Parce qu'on ne sait pas quoi faire, à qui s'adresser, en cas de grossesse non désirée... » ; « le réflexe c'est lequel ? c'est de le faire clandestinement »* ; *« Est-ce que spontanément, comme ça, je suis enceinte, je veux avorter, est-ce que je vais aller chez le gynécologue ? Non. Parce que pour moi ce n'est pas autorisé »* ; *« Moi je pense que même si tu n'es pas informée, la première chose, c'est d'aller chez un spécialiste du domaine » ; « Mon premier réflexe serait d'aller chez un médecin général, soit un gynécologue. Parce que je me dis que si je vais chez un clandestin, c'est mettre ma vie en danger ». « Il faudrait aussi sensibiliser les médecins sur l'accueil des patientes qui sollicitent un avortement ».*

4. Entre pression sociale et contrôle du corps : comprendre les réticences des adolescentes face à l'avortement

Ce quatrième point regroupe les propos qui influencent les décisions des adolescentes sur l'avortement. Leurs discours évoquent la peur du jugement, le poids des normes culturelles, l'absence d'informations sur les procédures légales. Les adolescentes expriment aussi des doutes sur l'interprétation de la « détresse » prévue par la loi et sur la capacité des médecins à reconnaître cette situation

« Ah, parce que je ne veux pas qu'on me juge » ; « les gens ne savent pas ce qu'ils doivent faire. » ; « D'abord c'est quoi un état de détresse ? » ; « Parce que les gens ne sont pas informés » ; « C'est que, si moi, je pense que l'avortement est un défi, aller dire au médecin, bonjour, je suis enceinte, je vous en prie, aidez-moi... il y a la probabilité que je sois dénoncée

par le médecin » ; « Parce que là, dans ma tête, je rentre en infraction » ; « C'est-à-dire que pour moi, par exemple, je ne pense pas que je suis dans la légalité « ; « Non, moi, je ne peux pas le dire directement. Je vais d'abord me renseigner pour avoir la bonne information » ; « si on va à l'hôpital, l'hôpital aura des informations sur mon identité et savoir ce qui s'est passé » ; « Oui, mais la loi... Il ne va pas m'aider, non » ; « Non, mais je comprends. Quand ils ont fait passer l'information, on aimerait savoir. D'accord. Parce que nous qui ne savons pas, nous avons toujours cette peur d'aller vers le médecin » ; « Est-ce que tous les médecins peuvent le faire ? » ; « c'est légal, et nous avons le droit. Ok en cas de détresse. En cas de détresse, c'est quoi la détresse ? » ; « Parce que c'est ça aussi. Vous pouvez aller dire aux médecins que non, la loi dit qu'en cas de détresse, et là, c'est normalement en cas de détresse. Est-ce que le médecin va vous croire ? » ; « c'est compliqué ça ! Est-ce que tous les médecins savent qu'en cas de détresse on peut solliciter un avortement, il n'y a pas de détresse ? Ce n'est pas quelque chose qui a été... Ce n'est pas passé à la télé » ; « moi, je pense que même si aujourd'hui, on dit que l'avortement est légalisé au Gabon, je ne pense pas que les choses vont changer. » ; « Pour la facilité, l'avortement clandestin c'est mieux » ; « Pour moins dépenser, et se débarrasser rapidement même si à l'hôpital, ce sera sécurisé » ; « Parce qu'à l'hôpital, quand vous y allez pour cet acte, on va forcément demander que vous soyez accompagnés » ; « Il y a les mineurs... des filles qui seront très... elles vont pas se faire accompagner des parents. À la maison, on sait qu'elle est encore vierge » ; « C'est le poids de la culture. ... C'est le poids de la culture » ; « c'est gratuit ou pas, je pense qu'il faut beaucoup d'argent pour ça », « ça doit coûter une fortune ». « Entre nous, nous savons bien que le Cytotec fonctionne bien pour l'avortement ».

Analyse des principaux thèmes et tendances observées

L'analyse des discours des adolescentes gabonaises met en évidence un ensemble des facteurs : peurs, tabous, incertitudes juridiques et pression sociale qui influencent leur rapport à l'avortement :

1. Silence familial et malaise autour de la sexualité

« *Même quand vous discutez avec votre mère dans la chambre, elle hausse la voix* », confie une adolescente, soulignant la tension émotionnelle qui entoure toute tentative de dialogue sur la sexualité. Ce malaise est renforcé par un sentiment de honte, comme le montre cette autre déclaration : « *Vous-même, vous avez honte déjà de parler de ça* ». Ces propos traduisent un tabou profondément ancré, confirmé par l'insistance de plusieurs participantes : « *C'est tabou, oui c'est tabou, c'est vraiment tabou, chez nous c'est tabou* ». Dans ce contexte, la sexualité devient un sujet invisible dans les échanges familiaux, souvent relégué au silence ou abordé avec gêne. « *Parce qu'à la maison, les gens n'en parlent pas* », affirme une autre, illustrant une absence de transmission intergénérationnelle sur les enjeux liés à la vie affective et sexuelle. Pour certains parents, la sexualité reste associée à une forme de culpabilité : « *Ils utilisent toujours un langage qui culpabilise les enfants* ». Ce type de discours, parfois maladroit ou brutal, comme le souligne une adolescente « *les parents parlent grossièrement... l'enfant est désorienté* » contribue à désorganiser les repères des jeunes et à renforcer leur isolement. Pourtant, quelques voix minoritaires nuancent ce tableau, comme celle qui affirme : « *Chez moi, c'est bon. On peut parler de sexualité avec les parents* », ou encore : « *À partir de 13 ans, maman m'emmenait toujours dans ma chambre pour me donner des petits conseils* ». Ces témoignages montrent que des espaces de dialogue existent, mais restent exceptionnels, dépendant de la sensibilité individuelle des parents. En somme, la sexualité dans l'espace familial gabonais est marquée par le non-dit, la peur du jugement et une conception infantilisante de l'adolescente, ce qui freine l'accès à une éducation sexuelle bienveillante et structurée.

2. L'ambiguïté du cadre légal et ses effets sur les perceptions adolescentes

« *L'avortement est interdit* », affirment 19 participantes, traduisant une représentation dominante de l'illégalité de l'IVG au Gabon. Cette affirmation, largement partagée, révèle une absence de diffusion formelle des réformes législatives, notamment celles qui introduisent des exceptions médicales. « *Je pense que c'est autorisé et interdit aussi. Dans les cas de maladie, je pense que c'est autorisé. Mais dans les autres je pense que c'est illégal* », explique une adolescente, illustrant une compréhension fragmentée du droit. Ce flou juridique alimente une incertitude profonde, comme le montre cette autre déclaration : « *Non, ça on ne sait jamais si l'enfant est mal formé il va être autorisé d'avorter* ». Ces propos traduisent l'écart inquiétant entre le droit formel et sa réception sociale, où les exceptions médicales (malformation du fœtus, danger pour la mère) sont méconnues, voire inconnues parfois perçues comme des rumeurs plutôt que comme des garanties légales. « *Il est interdit, à part si le fœtus a un souci* », dit une autre, autrement dit, la légalité semble conditionnelle, incertaine, et donc peu mobilisable dans les situations concrètes. En somme, l'ambiguïté du cadre législatif, conjuguée à une communication institutionnelle insuffisante, contribue à renforcer le recours à l'avortement clandestin, perçu comme plus accessible, malgré les risques.

3. Médecins et avortement – entre confiance fragile et peur persistante

Les discours des adolescentes traduisent une méfiance profonde envers les professionnels de santé, souvent perçus comme mal informés ou peu disposés à accompagner les demandes d'IVG. Cette méfiance s'enracine dans un contexte de silence institutionnel, où les récentes évolutions législatives restent peu diffusées, et où les médecins eux-mêmes peuvent manquer de clarté ou d'assurance sur les nouvelles dispositions. « *Non, parce que je ne crois pas... parce que je pense qu'ils n'ont pas l'information* », affirme une adolescente. Ce doute est renforcé par une perception erronée du cadre légal, comme en témoigne cette autre déclaration : « *Pour moi, déjà, l'information selon laquelle s'est autorisé, je ne pense pas que c'est vrai* ». Ces propos révèlent une double fracture : d'une part, un manque d'information claire et accessible sur les droits en matière d'IVG ; d'autre part, une relation asymétrique avec les médecins, Certaines adolescentes vont plus loin, suggérant que les médecins pourraient volontairement dissimuler l'information : « Le médecin, lui, il va cacher l'information, parce que quand l'information est donnée, les femmes iront demander ». Cette idée, bien que surprenante, reflète une perception d'asymétrie dans la relation de soin, où le savoir médical devient un levier de contrôle plutôt qu'un outil d'émancipation. Elle traduit aussi une crainte du jugement moral, dans un contexte où l'avortement reste socialement stigmatisé. Face à cette incertitude, le réflexe devient l'évitement : « *Est-ce que spontanément, comme ça, je suis enceinte, je veux avorter, est-ce que je vais aller chez le gynécologue ? Non. Parce que pour moi ce n'est pas autorisé* ». Pourtant, certaines voix nuancent cette défiance, en évoquant la nécessité de consulter un professionnel : « *Mon premier réflexe serait d'aller chez un médecin général, soit un gynécologue. Parce que je me dis que si je vais chez un clandestin, c'est mettre ma vie en danger* ». Ce contraste souligne l'ambivalence des adolescentes, prises entre peur de l'illégalité, crainte du jugement, et recherche de sécurité médicale. Enfin, une participante propose une piste concrète : « *Il faudrait aussi sensibiliser les médecins sur l'accueil des patientes qui sollicitent un avortement* ». Bien que les adolescentes expriment une méfiance envers les médecins, souvent perçus comme réticents ou mal informés, cette représentation ne reflète pas toujours la réalité des pratiques médicales, où certains professionnels se montrent ouverts, bienveillants et soucieux d'accompagner les patientes dans le respect du cadre légal.

4. « Je ne peux pas le dire » : détresse et clandestinité

« *Parce que là, dans ma tête, je rentre en infraction* », confie une adolescente illustrant la confusion persistante autour du cadre légal de l'IVG. Ce témoignage met en lumière une méconnaissance persistante des dispositions légales. Bien que la loi gabonaise ait été assouplie, notamment en introduisant la notion de « détresse » comme motif légal, cette disposition reste floue et mal comprise. Mais au-delà du flou légal, c'est surtout le jugement social qui façonne les perceptions et les comportements. Ce jugement se manifeste par des regards désapprobateurs, des rumeurs, des exclusions ou des reproches implicites dans le cercle familial, scolaire ou communautaire. Il repose sur un système normatif profondément enraciné, où la sexualité féminine est strictement encadrée. Par exemple, une adolescente affirme : « *À la maison, on sait qu'elle est encore vierge* », révélant que la virginité est perçue comme un marqueur de respectabilité et d'honneur familial.

Ces normes culturelles valorisent la chasteté, la discrétion sexuelle et la conformité aux rôles genrés traditionnels. Elles sont instaurées et perpétuées par des figures d'autorité qui sont : les parents, les enseignants, les leaders religieux et les aînés qui transmettent des injonctions morales implicites. Ce système fonctionne par surveillance sociale, où le corps féminin devient un espace de contrôle collectif. Toute transgression, réelle ou supposée peut occasionner des sentiments de honte, d'isolement ou de rejet.

Ainsi, même lorsque la loi autorise l'IVG sous certaines conditions, les adolescentes intériorisent une peur de l'illégalité et du rejet, qui les pousse à taire leur situation ou à recourir à des pratiques clandestines. Ce décalage entre la normalité juridique et la normativité sociale constitue un frein majeur à l'accès aux soins et à l'exercice des droits reproductifs.

5. Savoirs informels et perceptions du risque

« Entre nous, nous savons bien que le Cytotec fonctionne bien pour l'avortement » indique un réseau de savoirs parallèle entre adolescentes qui pallie l'absence de sources officielle ou rassurante. Le Cytotec est reconnu comme efficace, mais son usage hors prescription soulève des questions éthiques, sanitaires et légales. L'allusion ici suggère qu'il est perçu comme moyen plus accessible financièrement. Cette phrase traduit une banalisation de pratiques à risque qui s'installent là où les solutions institutionnelles apparaissent comme trop coûteuses, complexes ou stigmatisantes.

L'interrogation sur la gratuité ou pas de l'acte « *c'est gratuit ou pas* » semble traduire une incertitude persistante quant aux modalités d'accès aux services d'avortements. On peut percevoir, à travers cette supposition qui n'est pas nécessairement sans fondement un manque de transparence institutionnelle ou de communication sur les dispositifs existants. L'expression « *ça doit coûter une fortune* » illustre une représentation anxiogène des frais d'hospitalisation.

Discussion

1. Le silence comme refoulement

Le silence autour de la sexualité peut être interprété comme un refoulement. Freud (1905) définit le refoulement comme une tentative inconsciente de repousser des pensées jugées inacceptables hors du champ de la conscience. Dans le contexte familial, ce mécanisme se manifeste lorsque les parents évitent le sujet de la sexualité, non par ignorance, mais pour ne pas confronter leurs propres angoisses liées à la sexualité de leurs enfants. Une tentative inconsciente de repousser des pensées jugées inacceptables. Bohm (2009) souligne que même dans les espaces thérapeutiques, les tabous sexuels persistent, traduisant un inconfort profond et socialement partagé. Cela montre que le tabou sexuel n'est pas seulement individuel, mais structurel, inscrit dans les normes sociales et culturelles qui régissent les rapports au corps, au désir et à la parole. Ce silence, lorsqu'il est intériorisé par les adolescentes, peut générer culpabilité, confusion identitaire et comportements à risque, notamment en cas de grossesse non désirée.

2. La sexualité comme construction familiale et culturelle

La sexualité des adolescentes se construit dans un cadre social et familial structuré par des normes implicites. Dès l'enfance, les interactions avec les figures parentales jouent un rôle central dans la transmission des attitudes et des croyances liées à la sexualité. Ce processus, appelé socialisation sexuelle, repose sur des mécanismes souvent silencieux, où les comportements, les réactions et les non-dits façonnent les représentations des jeunes.

Selon (Shtarkshall, Santelli & Hirsch, 2007, p. 117), « les scripts sexuels sont transmis par les comportements parentaux, même en l'absence de dialogue explicite » Cette transmission indirecte crée un cadre normatif dans lequel les adolescentes apprennent ce qui est considéré comme acceptable ou honteux, sans que cela soit nécessairement formulé.

Comme le soulignent Kuvalanka et al. (2012), les attitudes parentales façonnent les scripts sexuels dès l'enfance, souvent sans verbalisation explicite. Cette transmission implicite de normes influence profondément la manière dont les adolescentes perçoivent leur corps, leur sexualité et les frontières entre le « permis » et l'« interdit ». Face à une grossesse non désirée, ces normes intériorisées peuvent intensifier la culpabilité et renforcer le silence entourant l'IVG.

Ce mode de transmission rend les adolescentes particulièrement vulnérables face à des choix intimes complexes, comme celui de l'avortement, en raison d'un manque de repères explicites pour penser leur corps, leur désir et leur autonomie. Dans le contexte gabonais, cette dynamique est amplifiée par des normes culturelles valorisant la virginité, la retenue et la conformité aux rôles genrés traditionnels. Ainsi, la sexualité féminine se construit dans un univers normatif silencieux, où le non-dit devient structurant. Ce silence favorise l'intériorisation de la honte et rend difficile pour les adolescentes la verbalisation de leurs expériences corporelles, affectives et reproductives.

3. Le tabou comme source de malaise et de désorganisation psychique

Le tabou autour de la sexualité féminine constitue un facteur majeur de désorganisation psychique chez les adolescentes. Ce tabou s'observe par le silence familial, l'absence d'éducation sexuelle explicite, l'usage d'un langage culpabilisant lorsque l'adolescente aborde des questions liées à la sexualité. Ce silence empêche la construction d'un cadre symbolique permettant à l'adolescente de nommer, comprendre et intégrer ses expériences corporelles et affectives.

Pour Cetina, « les tabous sexuels peuvent entraîner une détresse émotionnelle, de l'anxiété et de la dépression, en particulier lorsque les individus se sentent isolés ou incapables de s'exprimer » (Cetina, 2024, p. 2). Cette dynamique est particulièrement visible dans les situations de grossesse non désirée, où l'adolescente se retrouve seule, sans repères ni soutien, face à une décision lourde de conséquences. Ainsi, le tabou ne se limite pas à une absence de mots : il constitue un dispositif social structurant, qui façonne les trajectoires psychiques et les choix reproductifs des adolescentes. Il contribue à renforcer la clandestinité, à fragiliser la santé mentale, et à entraver l'accès à des soins sécurisés et légitimes.

4. La sexualité comme espace de conflit générationnel

Comme le soulignent Camellia, Rommes et Jansen (2020), les adolescents sont souvent perçus comme immatures, ce qui limite leur accès à des dialogues protecteurs et émancipateurs. Ce décalage empêche l'instauration d'un espace de parole sécurisant, où les adolescentes pourraient exprimer leurs questionnements, leurs peurs et leurs désirs sans crainte de jugement ou de répression. Dans cette dynamique, le tabou sexuel agit comme un verrou symbolique : il ne se limite pas à une absence de mots, mais produit des effets concrets sur la santé mentale et les trajectoires affectives. Cetina (2024, Op. Cit.) souligne que les tabous sexuels peuvent entraîner une détresse émotionnelle, de l'anxiété et de la dépression, en particulier lorsque les individus se sentent isolés ou incapables de s'exprimer. Ce silence imposé renforce l'isolement des adolescentes et fragilise leur capacité à faire des choix éclairés en matière de sexualité et de reproduction.

5. Entre savoir partagé et normalisation des pratiques hors cadre

Les témoignages recueillis révèlent une dissonance marquée entre les représentations parentales et les réalités adolescentes. Les parents tendent à percevoir leurs enfants comme « encore bébés », ce qui empêche une reconnaissance de leur développement psychosexuel et de leur autonomie affective. Cette perception repose sur une vision infantilisante de l'adolescence, où la sexualité est niée ou considérée comme prématurée.

La référence au Cytotec comme solution abortive entre pairs témoigne d'une dynamique de coordination informelle, fondée sur la diffusion de savoirs tacites. Ce phénomène repose sur des échanges entre adolescentes, où l'expérience de l'une devient une ressource pour l'autre. Selon Ajzen, « les normes subjectives influencent les intentions comportementales, en fonction de ce que les individus croient que les autres attendent d'eux » (Ajzen, 1991, p. 188). Dans ce contexte, le consensus entre pairs renforce la légitimité de l'automédication, même en dehors du cadre légal.

Thomas et DeScioli décrivent cette logique comme une coordination cognitive, où « la connaissance commune facilite des décisions collectives, même risquées » (Thomas & DeScioli, 2014, p. 74). L'expression « ça doit coûter une fortune », entendue dans les entretiens, illustre une anticipation anxiogène des coûts hospitaliers, nourrissant une représentation négative des institutions médicales et un évitement des soins. Cette perception est amplifiée par l'absence de communication transparente sur les dispositifs disponibles.

Thomas et DeScioli décrivent cette logique comme une coordination cognitive, dans laquelle « les individus peuvent être plus enclins à s'engager dans une coordination risquée lorsqu'ils ont une connaissance commune des intentions des autres » (Thomas et al., 2014, p. 658). L'expression « ça doit coûter une fortune », entendue dans les entretiens, illustre une anticipation anxiogène des coûts hospitaliers, nourrissant une représentation négative des institutions médicales et un évitement des soins. Cette perception est amplifiée par l'absence de communication transparente sur les dispositifs disponibles.

6. Le rôle du langage dans la construction du sujet sexuel

Le langage joue un rôle fondamental dans la construction du sujet sexuel, car il permet à l'individu de nommer, penser et symboliser ses expériences corporelles, affectives et désirantes. En psychanalyse, le langage est considéré comme structurant du psychisme : il ne s'agit pas seulement d'un outil de communication, mais d'un vecteur de subjectivation. Selon Freud (1905 op. cit.), sans mots, il n'y a ni pensée, ni symbolisation soulignant que le désir ne peut exister pleinement que s'il est inscrit dans un cadre symbolique.

L'absence de mots pour parler de sexualité empêche l'adolescente de mettre en récit son vécu intime, de formuler ses émotions, ses limites, ses besoins. Ce silence entrave la possibilité de construire une identité sexuelle autonome, car il prive la jeune fille d'un espace de reconnaissance et de légitimation de son expérience.

le langage ne se limite pas à une fonction descriptive : il est constitutif du sujet sexuel, car il permet de transformer l'expérience corporelle en expérience psychique, de passer du vécu au sens, et de s'inscrire dans une histoire personnelle et sociale. L'absence de langage autour de la sexualité constitue donc une entrave majeure à la subjectivation, à l'autonomie et à la protection des adolescentes.

Conclusion

L'analyse des discours des adolescentes révèle une réalité complexe et profondément ambivalente : entre un cadre légal en voie d'assouplissement et une culture du silence persistante, l'accès à l'IVG au Gabon demeure semé d'obstacles. Les adolescentes naviguent dans un espace marqué par la peur du jugement, la méconnaissance des droits, la défiance envers les professionnels de santé et le poids des normes familiales. Le tabou autour de la sexualité, renforcé par des pratiques éducatives culpabilisantes ou absentes, contribue à maintenir l'avortement dans la clandestinité, même lorsque la loi l'autorise sous certaines conditions.

Le silence familial autour de la sexualité chez les adolescentes peut être lu comme un symptôme culturel, révélateur d'un conflit entre tradition, contrôle parental et émergence du sujet sexuel.

Le silence familial, les tabous culturels et la perception anxiogène des institutions nourrissent un environnement où les pratiques à risque deviennent non seulement compréhensibles, mais parfois nécessaires aux yeux des jeunes. Ces silences agissent comme un verrou psycho-affectif et éducatif, générant des pratiques d'évitement, d'automédication clandestine et de recours à des savoirs informels comme l'utilisation du Cytotec. Ce phénomène ne relève pas d'un simple déficit d'information : il témoigne d'une subjectivation entravée, où l'adolescente ne parvient pas à se penser comme sujet légitime de son propre corps, de ses choix et de ses désirs. Le silence familial, l'absence de formation empathique des soignants et l'invisibilité des dispositifs d'accompagnement contribuent à maintenir l'IVG dans une zone grise, à la marge du droit et de la reconnaissance.

La diffusion de savoirs informels ici, témoigne d'une logique de survie, de coordination sociale et d'autonomisation partielle mais aussi d'un profond déficit de légitimation, de sécurité et de reconnaissance.

L'absence de langage adéquat pour penser et dire la sexualité entrave la construction psychique du sujet, tandis que le coût supposé ou réel des dispositifs de santé renforce le sentiment d'exclusion. Ainsi, la banalisation du contournement institutionnel s'installe là où ni l'école, ni la famille, ni le système de santé ne parviennent à créer les conditions d'un accompagnement juste, accessible et empathique. Ce silence n'est pas seulement social ou familial : (;) il est aussi institutionnel. L'absence de communication claire sur les droits reproductifs, le manque de formation des soignants à l'accueil bienveillant des mineures, et l'invisibilité des dispositifs d'accompagnement renforcent les stratégies d'évitement et de dissimulation.

Dans ce contexte, l'effectivité du droit repose sur bien plus que son énoncé législatif. Elle exige la création d'espaces de parole protégés, une éducation sexuelle sans tabou, et une hospitalité institutionnelle respectueuse des vulnérabilités adolescentes.

References bibliographiques

Ajzen, I. (1991). The theory of planned behavior. Organizational Behavior and Human Decision Processes, 50(2), 179–211.

Bohm, L. (2009). Taboo or not taboo? Forbidden thoughts, forbidden acts in psychoanalysis and psychotherapy. Karnac Books.

Bonnet, D., & Duchesne, V. (2016). Procréation médicale et mondialisation. Expériences africaines. In M.-L. Gélard (Ed.), Journal des africanistes, 88 (1), 190–193.

Braun, V., & Clarke, V. (2006). Using thematic analysis in psychology. Qualitative Research in Psychology, 3(2), 77–101.

Camellia, S., Rommes, E., & Jansen, W. (2020). Beyond the talking imperative: The value of silence on sexuality in youth–parent relations in Bangladesh. Global Public Health, 16(5), 775–787. https://doi.org/10.1080/17441692.2020.1751862

Cetina, A. (2024). The psychological and physical effects of sex taboos. Journal of Student Research, 13(1). https://doi.org/10.47611/jsrhs.v13i1.6355

Champion Delefortrie, M. (2019). Prise en charge psychologique de l'interruption volontaire de grossesse : qu'en pensent les patientes ? [Master's thesis, Université de Lille]. https://dumas.ccsd.cnrs.fr/dumas-02283431

Divay, S. (2004). L'avortement : une déviance légale. Déviance et société, 28 (2), 195–209.

Denzin, N. K., & Lincoln, Y. S. (2011). The SAGE handbook of qualitative research (4 th ed.). Sage Publications.

Ekang Mvé, A. (2014). Les couples gabonais et l'assistance médicale à la procréation à Libreville : sorcellerie et filiation [Doctoral dissertation, EHESS]. https://www.theses.fr/2014EHES0637

Fatchina, E. (2025, February 14). Culture africaine et légalisation de l'avortement : la vie a-t-elle toujours un caractère sacré ? Afro Impact. https://www.afro-impact.com/culture-africaine-et-legalisation-de-lavortement-la-vie-a-t-elle-toujours-un-caractere-sacre/

Ferrand, M., & Jaspard, M. (1987). L'interruption volontaire de grossesse. La Découverte.

Goffman, E. (1963). Stigma : Notes on the management of spoiled identity. Simon & Schuster.

Institut Européen de Bioéthique. (2011). Conséquences psychologiques de l'avortement. https://www.ieb-eib.org/fr/dossier/debut-de-vie/avortement/consequences-psychologiques-de-l-avortement-248.html

Kuvalanka, K. A., Weiner, J. L., & Russell, S. T. (2013). Sexuality in families: The (re-)creation of sexual culture. In G. W. Peterson

& K. R. Bush (Eds.), Handbook of marriage and the family (3 rd ed., pp. 423–447). Springer. https://doi.org/10.1007/978-1-4614-3987-5_19

Legard, R., Keegan, J., & Ward, K. (2003). In-depth interviews. In J. Ritchie & J. Lewis (Eds.), Qualitative research practice (pp. 139–168). Sage Publications.

Loughmiller-Cardinal, J. A., & Cardinal, J. S. (2023). The behavior of information: A reconsideration of social norms. Societies, 13(5), 111. https://doi.org/10.3390/soc13050111

Mathieu, M. (2016). Derrière l'avortement, les cadres sociaux de l'autonomie des femmes. Refus de maternité, sexualités et vies des femmes sous contrôle. Une comparaison France-Québec [Doctoral dissertation, Université Paris 8 – UQÀM].

Ndembi Ndembi, A. P. (2011). Contraception et désir d'enfant : Approches culturelles et psychologiques de la sexualité des femmes gabonaises. Éditions Universitaires Européennes.

Objuris. (n.d.). Réforme sur la dépénalisation de l'avortement au Gabon : ce qu'il faut retenir. https://www.objuris.com/post/r%C3%A9forme-sur-la-d%C3%A9p%C3%A9nalisation-de-l-avortement-au-gabon-ce-qu-il-faut-retenir

Pouliquen, L. (2011). Études scientifiques : syndrome post-avortement. Institut Européen de Bioéthique. https://www.ieb-eib.org/fr/etude/debut-de-vie/avortement/etudes-scientifiques-syndrome-post-avortement-249.html

Shtarkshall, R. A., Santelli, J. S., & Hirsch, J. S. (2007). Sex education and sexual socialization: Roles for educators and parents. Perspectives on Sexual and Reproductive Health, 39(2), 116–119. https://doi.org/10.1363/3911607

Thomas, K. A., DeScioli, P., Haque, O. S., & Pinker, S. (2014). The psychology of coordination and common knowledge. Journal of Personality and Social Psychology, 107 (4), 657–676. https://doi.org/10.1037/a0037037

Article 245 nouveau du Code pénal gabonais. (n.d.). https://www.legigabon.com/single-post/2019/10/04/que-dit-la-loi-sur-lavortement

V.

L'interruption volontaire de grossesse au Gabon, discours et pratiques des professionnels de l'obstétrique en rapport avec la dépénalisation de l'avortement

GABRIELLE KOMBA,
Sociologue/Université Omar Bongo
Kombagab@yahoo.fr

Résumé

L'avortement est une pratique ancienne et courante généralement dissimulée. Le silence autour de cette pratique concerne d'abord les femmes. Toutefois, même les professionnels de santé tels que les gynécologues-obstétriciens communiquent difficilement sur leur pratique d'interruption volontaire de grossesse (IVG). Si pour certains l'avortement non sécurisé est une source de mortalité maternelle qui nécessite un accompagnement médical pour d'autres, le rôle de la médecine est d'assurer la sécurité de la naissance, traiter la stérilité et les maladies de l'appareil génital, permettre à une femme de donner la vie par la PMA et non d'interrompre un processus vital sans raisons médicales. Les représentations autour de l'avortement orientent les pratiques et les discours diffèrent. Cet article se veut d'analyser les discours des professionnels de l'obstétrique en rapport avec de la dépénalisation de l'IVG au Gabon. Mais il questionne aussi les pratiques des gynécologues-obstétriciens en rapport avec l'avortement.

Mots (-) clés : avortement, représentation, gynécologue-obstétricien, discours, femmes enceintes.

Voluntary termination of pregnancy in Gabon : discourse and practices of obstetrics professionals around the decriminalization of abortion.

Abstract

Abortion is an ancient and common practice that is generally hidden. The silence surrounding this practice primarily concerns women. However, even healthcare professionals such as obstetrician- gynecologists have difficulty communicating about their practice of voluntary termination of pregnancy (oborti If for some, unsafe abortion is a source of maternal mortality,that requires medical support for others, the role of medicine is to ensure the safety of childbirth, treat infertility and diseases of the reproductive system , enable a woman to give life through assisted reproductive technology, and not to terminate a vital process without medical reasons.The representations surrounding abortion influence practices and the discourses differ. This article aims to analyse the discourses of obstetrics professionals regarding the decriminalization of abortion in Gabon. But it also question the practices of gynecologists-obstetrician in relation to abortion.

Keywords : abortion, representation, obstetrician-gynecologist, speech, pregnant women.

Introduction

L'avortement est un sujet qui interpelle les différents acteurs de la société, car sa pratique non sécurisée est une cause importante de mortalité maternelle (OMS, 2011). Il a des conséquences désastreuses (malformations congénitales, infertilité, etc.) en matière de santé reproductive. Par conséquent, pour limiter ces effets et protéger les femmes, ses principales victimes, certains pays ont dépénalisé l'IVG. En France, par exemple la dépénalisation de l'IVG s'est faite à la demande des femmes. En Afrique subsaharienne, une minorité de pays ont légalisé l'interruption volontaire de grossesse sous certaines conditions. Le Gabon figure parmi ces pays qui ont sauté le pas de la dépénalisation de l'IVG en 2018, évoquant les raisons médicales et sociales. Elle est désormais autorisée dans les cas de malformations physiques graves ou incurables du fœtus, de compromission de la vie de la mère et des grossesses issues de viol ou de l'inceste. La loi sur l'avortement est donc restrictive mais permet d'ores et déjà la sanction des contrevenants. Cependant, malgré la dépénalisation de l'avortement dans plusieurs pays, les femmes continuent de le pratiquer dans la clandestinité, au mépris des risques sur leur santé et leur vie et des sanctions légales. C'est le cas, notamment au Gabon. Or, on aurait pu penser que la dépénalisation de l'IVG lui a permis de sécuriser et d'encadrer les avortements. Au Gabon, peut-on envisager de dépénaliser l'IVG ? Les professionnels de santé parlent-ils plus librement de cette pratique ?

Cette contribution présente la position des professionnels de l'obstétrique sur la dépénalisation de l'IVG au Gabon. Deux moments vont structurer le développement de notre argumentaire. Le premier s'attache à montrer que la dépénalisation de l'IVG peut minimiser les risques. Le deuxième moment révèle que les normes éthiques, religieuses et sociales et la défaillance du système de santé freinent la dépénalisation de l'IVG au Gabon.

1. Problématique

1.1. L'IVG et les lois législatives

L'avortement est une pratique ancienne. Elle se décline de manière différente selon les époques et les contextes politiques, sociaux et culturels (les matrones pratiquaient les avortements avec des décoctions, aujourd'hui les femmes utilisent de plus en plus les médicaments/procédés médicaux). À travers le monde, « les législations sont variables, allant de l'autorisation à la demande de la femme jusqu'à l'interdiction totale. La libéralisation de l'avortement, dans certains pays, fait l'objet de polémiques intenses (entre les partisans/associations anti-avortement et les médecins pratiquant l'IVG par exemple), et une fois acquise elle est parfois remise en question » (Guillaume et Rossier, 2018 :

225). Les législations ont souvent oscillé entre des périodes d'assouplissement et de restriction, pour des raisons aussi bien morales que religieuses, sanitaires, éthiques ou juridiques. Entre ces deux extrêmes, les lois fixent les conditions de l'IVG : en cas de malformation du fœtus, de viol ou d'inceste, pour des causes spécifiques (sur simple demande des femmes comme en France) dans certains pays. Aussi, il faut dire que l'accès à l'avortement est toujours limité à des durées de grossesse ou d'aménorrhée précises. Et les auteures montrent que la clause de conscience des médecins motivée par des considérations morales, religieuses ou philosophiques est un frein pour l'accès à l'avortement. L'autorisation de l'avortement pour sauver la vie de la mère semble être le seul fait consensuel dans le monde. Pourtant, elle ne semble pas garantir aux femmes un accès libre ou illimité à l'IVG.

Les pays africains « ont hérité du cadre législatif restrictif des pays colonisateurs, dont les lois et le code pénal définissaient l'accès à l'avortement et les éventuelles sanctions » (Ibinga et Mimbuih M'Ella, 2022 : 49). Cependant ils n'ont pas connu d'évolutions majeures depuis l'indépendance. « Une douzaine de pays (Cameroun, Gabon, la Côte-d'Ivoire, le Bénin, le Sénégal, etc.) ont, depuis le début des années 2000, amélioré leur loi en reconnaissant ou élargissant les motifs de recours à l'avortement » (Bitouga, 2022 : 31). Or, même quand elle est légalement autorisée, l'IVG reste mal perçue, voire désapprouvée par une partie de la société, pour des considérations morales, culturelles ou religieuses. Pourtant, la dépénalisation de l'avortement est un facteur clé pour respecter les droits des femmes (choisir le « bon » moment pour porter la vie) et préserver leur santé. Mais dans de nombreux pays africains, l'avortement provoqué fait l'objet d'une réprobation sociale alors qu'il constitue un problème de santé publique majeur, dans la mesure où il est l'une des causes principales de mortalité maternelle et induit des conséquences néfastes sur la santé des femmes.

1.2. Interruption de grossesse et décision médicale

L'avortement peut se faire pour des raisons médicales. En effet, l'interruption de grossesse peut être pratiquée dès lors que le fœtus est atteint d'une affection incurable particulièrement grave. Mais, l'âge de la grossesse fait partie des critères déterminants de la décision. La décision de pratiquer une IVG suscite parfois des hésitations chez les médecins. On comprend que, « dans le processus décisionnel déployé autour d'un acte d'interruption de grossesse pour anomalie fœtale, les soignants, responsables et exécutants de l'acte, sont pris entre le registre de la loi, des institutions sociales et celui de la demande » (Membrado, 2001 : 32). Cet acte les installe dans un dilemme entre normes médicales et normes éthiques. Le processus décisionnel renvoie parfois à des positions éthiques qui cristallisent des rapports différents à la demande. En d'autres termes, les décisions d'interruption de grossesse tiennent compte des valeurs professionnelles, déontologiques et morales. Pour M. Membrado (op.cit.), il apparaît que la décision d'interrompre une grossesse pour motif thérapeutique n'est pas évidente chez les gynécologues-obstétriciens. Il y a toujours les difficultés à prendre la décision même pour des raisons médicales. Les enjeux de la décision combinent les trois niveaux qui définissent l'éthique, les mœurs, les normes et les valeurs.

Les valeurs éthiques orientent ou pas les décisions des praticiens. En effet, « l'interruption médicale de grossesse est une situation exemplaire des tensions éthiques qui parcourent décisions et pratiques des professionnels de santé. Celle-ci fait apparaître trois registres d'incertitude qui portent sur, le processus décisionnel, la légitimité de l'acte et l'embarras pour les professionnels » (Weber et al, 2008 : 100). Ces travaux de J-C. Weber et al, (2008) s'inscrivent dans la lignée de ceux de M. Membrado (2001) qui rappellent que l'IMG (interruption médicale de grossesse) est non seulement une épreuve pour les femmes ou le couple-parent, mais aussi pour les soignants. L'IMG devient un embarras quand se confrontent légitimités médicale et sociale.

1.3. L'avortement en contexte gabonais

L'avortement au Gabon se heurte aux normes sociales. Différents travaux au Gabon traitent de l'avortement et insistent sur son caractère restrictif (Esseng Aba'a 2019 ; Ibinga et Mimbuih M'Ella 2022). M. Ibinga et C.M Mimbuih M'Ella rappellent que « la restriction de la pratique abortive apportée par la législation fait partie de l'héritage colonial » (Ibinga et Mimbuih M'Ella, 2022 : 49). En effet, la culture occidentale qui a été importée en Afrique était influencée en grande partie par la religion qui condamne cette pratique. Les auteures expliquent que la législation de l'IVG est intervenue au Gabon, non seulement dans le but d'encadrer cette pratique qui s'oppose à des considérations culturelles.

G. Esseng Aba'a souligne « qu'il est difficile d'envisager l'interruption volontaire de grossesse dans un contexte où le fœtus est considéré, dès la gestation, comme un membre à part entière d'un groupe social » (Esseng Aba'a, 2019 : 148). L'auteure interroge la culture et les traditions gabonaises afin de comprendre la place de l'embryon dans la société, le rapport des Gabonais à la vie humaine et le rapport des femmes gabonaises à la procréation et à la maternité. La conception de l'enfant dans les cultures gabonaises fait de l'embryon une « chose précieuse » qu'il faut absolument protéger. Il représente le début de la vie et symbolise la relation harmonieuse entre Dieu, les ancêtres et les vivants. La considération que les Africains, les Gabonais notamment, ont de la vie et de l'enfant joue beaucoup sur l'idée qu'ils ont de l'interruption volontaire de grossesse. G. Esseng Aba'a montre également que « le rapport des femmes à la maternité et à la perception de la liberté diffère entre les femmes des pays d'Afrique et celles des pays d'Europe. En effet, la maternité n'a pas la même importance qu'on soit femme blanche ou noire, et ce, pour des raisons purement culturelles. La maternité est pour les femmes noires, un passage obligé, un droit auquel aucune femme ne peut renoncer. Et le droit à l'IVG ne peut être le moyen de libérer les femmes de leurs rôles sociaux, c'est pourquoi la libéralisation de l'avortement au Gabon ne peut se faire sans tenir compte des valeurs culturelles » (Esseng Aba'a, 2019 : 155).

2. Une démarche inductive et compréhensive

Ce travail se situe dans une perspective interactionniste issue de la tradition de Chicago (Strauss, 1992). Cette perspective articule à la fois les pratiques et les contraintes des soignants. Une interruption de grossesse représente une situation exemplaire des processus complexes qui sous-tendent décisions et pratiques professionnelles de santé. (Membrado, 2001). La démarche entreprise ici a permis non seulement de lire les représentations des soignants mais aussi de comprendre les discours qui orientent les pratiques médicales. Si les soignants se réfèrent tous à des catégories culturelles, des normes sociales et professionnelles, ils ne sont pas cependant prisonniers de ces derniers. Les opinions des professionnels sont très variables. Des points de tension peuvent apparaître entre l'implication personnelle du soignant et la dimension sociale de l'acte. L'approche compréhensive (Crozier et Friedberg, 1977) vise à comprendre les pratiques des professionnels de l'obstétrique en rapport avec l'avortement, en mettant en relation normes professionnelles et normes sociales. Le cheminement ici est à la fois d'expliquer comment les professionnels conçoivent l'avortement et de montrer que l'encadrement de l'avortement peut éviter la mortalité maternelle. La posture épistémologique privilégiée met l'accent sur le sens visé, la finalité et la signification de l'avortement par les acteurs de la périnatalité.

3. Méthodologie

Il s'agit d'une enquête qualitative par entretiens semi-directifs. Dix entretiens ont été réalisés auprès des professionnels de l'obstétrique à savoir les gynécologues-obstétriciens au sein des différents CHU[1]. Ces entretiens ont servi à recueillir les avis des gynécologues-obstétriciens sur la dépénalisation de l'IVG au Gabon. De ces entretiens, il ressort que la dépénalisation de l'IVG n'est pas effective au Gabon, mais balbutiante, malgré la loi sur sa dépénalisation annoncée. Aussi, les discours des professionnels de l'obstétrique indiquent-ils que la dépénalisation de l'IVG pourrait sécuriser la pratique des avortements. Pour ce faire, l'information et la sensibilisation des filles/mères est nécessaire, tout comme la mise en place des structures dédiées à l'interruption volontaire de grossesse (IVG). Les résultats de ce travail de terrain ont été subdivisés en deux grandes parties. La première partie rappelle que la dépénalisation de l'IVG pourrait sécuriser les avortements car « l'IVG est un acte médical, placé sous le contrôle et la responsabilité des professionnels » (Cresson, 2006 : 65). La deuxième partie montre que les normes sociales et religieuses freinent ce projet.

4. La dépénalisation de l'IVG au Gabon, un débat entre les professionnels de l'obstétrique

L'avortement est un sujet qui préoccupe et touche l'ensemble de la population mondiale. Il pose moins de problèmes lorsqu'il est fait dans les normes médicales acceptables. Lorsqu'il est clandestin, il entre dans la catégorie des dangers qui menacent la santé publique car sa pratique fait des ravages. En effet, l'avortement clandestin « emporte le fœtus, parfois la mère et le fœtus, laisse des séquelles biologiques souvent irréparables et des traumatismes

---

[1] Le terrain a été circonscrit à la ville de Libreville, les gynécologues-obstétriciens ont été approchés au CHUL, au CHUO et au CHUMEJE.

psychologiques à vie » (Esseng Aba'a et Etoughé- Efé, 2019 : 17). Au Gabon, les avortements clandestins se partagent « la première cause de décès maternels au premier trimestre de la grossesse. Et l'impact des avortements au Gabon montre que la prévalence hospitalière des avortements clandestins est passée de 14,1 % en 1989, à 86,7 % en 2009 (Mayi-Tsonga et al, 2009 : 231). Pourtant, le Gabon a connu une évolution considérable en légalisant l'interruption volontaire de grossesse (IVG) en 2018. En effet, la loi n°042/2018 stipule que l'interruption volontaire de grossesse n'est possible que :

Lorsqu'il a été prouvé que l'enfant conçu naîtra avec des malformations physiques graves ou incurables, lorsque cette grossesse compromet gravement la vie de la mère et lorsque la conception a eu lieu par suite de viol, inceste ou lorsque la mineure se trouve dans un état de détresse grave.

Malgré cela, la restriction de la loi sur l'IVG au Gabon, que l'on pensait pouvoir sortir les femmes de la clandestinité les y a maintenues, cette fois-ci pour des raisons sociales et religieuses. En effet, les conditions sociales précaires dans lesquelles elles vivent et leur profond ancrage religieux les contraignent à « se débarrasser » de leurs grossesses souvent indésirées en catimini. Au Gabon, la légalisation de l'IVG en 2018 sous certaines conditions amène à questionner les pratiques des professionnels de l'obstétrique dans un contexte traditionnel.

4.1. Dépénaliser l'IVG pour ne plus *« laisser les choses comme ça »*

L'Organisation mondiale de la santé estime, en Afrique, à 5 millions, le nombre d'avortements à risque, c'est-à-dire pratiqués dans des conditions d'hygiène et de sécurité insuffisantes qui se produisent chaque année (OMS, 1998). Et cette pratique reste tabou. Toutefois, ce tabou, législatif et culturel n'empêche pas les femmes d'y avoir recours, au risque de subir de graves conséquences pour leur santé. Les avortements clandestins réalisés en dehors de toute assistance ou environnement médicalisé seraient à l'origine des décès maternels. C'est donc pour éviter les pratiques à risque des femmes, que certains gynécologues-obstétriciens pensent à la dépénalisation de l'IVG. La dépénalisation de l'IVG permettrait d'élargir et d'améliorer le cadre de prise en charge de l'avortement et les femmes pourraient bénéficier de bonnes conditions d'avortement pour protéger leur santé.

4.1.1. Dépénalisation de l'IVG et santé des femmes

L'avortement clandestin constitue la deuxième cause nationale de décès maternels (Mayi-Tsonga et al, 2009). Les femmes gabonaises y recourent en utilisant parfois des méthodes dangereuses qui mettent en danger leur vie. Aussi, les avortements clandestins peuvent-ils laisser de lourdes conséquences sur la vie des femmes. Ces conséquences résultent « des méthodes insolites (purge avec le liquide des feuilles de manioc, boire le Kitoko etc.) voire "'archaïques"' utilisées par les femmes » (Ndembi Ndembi, 2022 : 275). De telles pratiques présentent des risques pour la femme/et même pour le fœtus. Les médecins interviewés reviennent tous sur les conséquences de l'avortement clandestin :

« On a commencé à comprendre qu'il y avait un danger derrière ça. Les familles nous amenaient les femmes mortes sur civière simplement parce qu'elles avaient tenté quelque chose à la maison et, qu'elles n'avaient pas réussi à le faire par elles-mêmes... Lorsqu'elles arrivent à l'hôpital c'est trop tard mais ça c'est vraiment des cas historiques. On en a de moins en moins parce qu'effectivement elles ont découvert qu'il y avait des médicaments qui pouvaient les aider à la maison et quand elles arrivent à l'hôpital, on essaie de rattraper le pas en soins post-avortement. On fait des soins pour qu'on puisse rattraper tout ça, hier ce n'était pas possible... Et puis il y en a plein qui sont devenues stériles parce qu'elles avaient tenté une chose comme ça au domicile ou à l'université. Et si ça ne se passe pas bien ça va complètement délabrer l'appareil, les trompes etc. Et puis,

finalement elles traversent une période où elles ne sont pas capables de procréer » (Pr NGOU MVE NGOU[2], gynécologue-obstétricien- CHUL).

« Maintenant, on a plusieurs complications liées à l'avortement, l'anémie, les perforations utérines etc. La principale complication liée à ces avortements clandestins c'est l'infertilité, un risque d'infertilité. En dehors de ça il y a des risques des infections... Il faut dire qu'avant l'avènement du Cytotec, les femmes faisaient des avortements clandestins dans les quartiers avec des produits qui étaient toxiques. Dès qu'elles ont découvert le Cytotec, le Cytotec a moins de risques hémorragiques et moins d'effets secondaires donc je pense que cela a amélioré la prise en charge. Car les patientes prenaient les comprimés à la maison et venaient saigner à l'hôpital. Alors qu'avant lorsqu'elles utilisaient les plantes et tout ce qu'elles trouvaient ; elles venaient à l'hôpital un peu tardivement et les complications étaient plus graves... En ce qui concerne la mortalité liée à l'avortement, elle est quand même en baisse depuis l'avènement du Cytotec » (Dr Chimène, gynécologue-obstétricienne- CHUMEJE).

Les femmes recourent de plus en plus à des médicaments ou des techniques médicales pour pratiquer un avortement. Il y a une progression dans les procédés : elles sont passées des décoctions traditionnelles à des produits/médicaments pharmaceutiques. Notons aussi que la diffusion de nouvelles techniques d'avortement permet de « catégoriser en trois les risques d'avortements : « ' sans risque »', « ' à risque modéré « ', « ' à risque grave »' (Ganatral et al, 2017 : 155). Le docteur Pélagie explique :

« C'est maintenant rare, parce que les techniques qu'elles utilisent aujourd'hui ne permettent pas de perforation, des trucs comme ça mais après je ne sais pas... Mais le plus

[2] Le Professeur NGOU MVE NGOU, président de la Société gabonaise de gynécologie-obstétrique, a souhaité être lu et entendu sur cette question

souvent c'est des saignements. Et évidemment plus tard, il y a des causes de fertilité mais ce qui est visible et qu'on peut analyser tout de suite c'est l'anémie » (Dr Pélagie, gynécologue-obstétricienne - CHUL).

Il ressort que les avortements clandestins exposent les femmes à des risques très graves pour leur santé. La santé physique des femmes ayant avorté peut être atteinte, tout comme la santé émotionnelle. Un avortement laisse parfois des traces, des séquelles, surtout lorsque des complications apparaissent à court ou long terme. L'infertilité de la femme, par exemple, liée à un avortement a des conséquences autant personnelles que sociales. On connaît bien la place qu'occupe la femme, « mère d'enfant » ; « femme reproductive », dans les sociétés traditionnelles. Donner naissance à un enfant valorise la femme. Inversement, l'incapacité d'enfanter exclut la femme et la marginalise. La dépénalisation de l'IVG peut protéger la santé des femmes. Car ces dernières ne viendront pas consulter tardivement pour cause d'infertilité. La dépénalisation de l'IVG peut limiter les complications post-avortements et réduire la mortalité maternelle.

La majorité des gynécologues-obstétriciens pensent que la dépénalisation de l'IVG pourrait éviter les séquelles de l'avortement clandestin grâce à un encadrement médicalisé. L'argument de la santé des femmes est mis en avant pour justifier la dépénalisation de l'IVG. En effet, les médecins interviewés expliquent que la dépénalisation de l'IVG pourrait améliorer la santé des femmes grâce à la médicalisation de l'avortement. Cela suppose qu'il n'y ait pas de mortalité et de morbidité induites par la pratique légale de l'IVG. Or, aujourd'hui, le caractère illégal de cet acte et l'absence de prise en charge sanitaire et sociale des femmes après un avortement peuvent altérer la santé et la fertilité ultérieure des femmes. L'avortement ne laisse jamais indemnes les femmes qui y ont recours. On peut penser que « les séquelles psychologiques de l'avortement viennent rappeler aux femmes libérées - partiellement- de la contrainte des grossesses non prévues la spécificité de leur assignation à la fonction maternelle » (Bajos et Ferrand, 2011 : 49).

La dépénalisation de l'IVG peut contribuer à réduire les complications post abortum telles que les anémies, les hémorragies, les infections, les perforations utérines etc. Autrement dit, la dépénalisation pourrait limiter les risques sur la santé des femmes et / ou sur le fœtus. Pour garantir la santé des femmes, certains pays revendiquent « l'accès à l'IVG non seulement comme un droit humain, un droit des femmes, un droit sexuel et reproductif, mais aussi comme un droit à la santé compte tenu des conséquences des avortements illégaux » (Guillaume et Rossier, 2018 : 225). C'est aussi pour préserver leur santé, que certaines femmes peuvent décider d'interrompre une grossesse quand cette maternité n'apparaît pas réalisable dans les meilleures conditions (affectives, psychologiques, économiques). G.Esseng Aba'a souligne que :

« Les femmes qui ont recours à l'avortement le font parce qu'elles n'ont pas d'autres options. En effet, le choix de l'avortement n'est pas la réponse à la question de savoir si on souhaite être mère ou pas, il est la conséquence d'une situation de désespoir et de détresse matérielle et affective (…). D'autres avortent en raison de grossesses trop rapprochées et donc pour contrôler les naissances » (Esseng Aba'a, 2019 : 162).

La dépénalisation de l'IVG peut pallier la détresse de certaines femmes. En effet, même si l'enfant est une « richesse » en Afrique, arrive-t-il parfois que certaines femmes ne souhaitent pas garder leur grossesse pour des raisons économiques et sociales. D'autres souhaitent choisir le moment de la maternité, c'est-à-dire le moment où elles doivent être mères. La liberté de choisir une maternité peut supposer la maîtrise de leur corps, de leur fécondité et partant de leur santé. Et, dans ce cadre, la dépénalisation de l'IVG peut être vue comme un acte juridique pour : *« protéger les jeunes filles ».* Toutefois, d'autres moyens comme la contraception peuvent aider les femmes à mieux contrôler les naissances et garantir leur santé. En cas d'échec de la contraception, la dépénalisation de l'IVG va permettre aux professionnels de l'obstétrique d'accompagner les femmes.

4.1.2. L'avortement, IVG un acte sécurisé par les gynécologues-obstétriciens

La dépénalisation de l'IVG sans restriction pourrait être un dispositif d'interruption volontaire de grossesse (IVG) très encadré sous la responsabilité des personnels médicaux. Le Pr NGOU MVE NGOU explique :

« Il y a des femmes qui viennent par elles-mêmes et disent que ce n'est pas le moment, le moment est mal choisi... Elles en ont le droit de ne pas vouloir porter cette grossesse parce qu'elles ne sont pas prêtes. Ces femmes-là qui demandent l'IVG sans arrière-pensée, elles ont tout à fait le droit. À partir de ce moment, on l'accompagne sur le plan technique, sur le plan médical pour ne pas avoir d'incident, c'est tout » (Pr NGOU MVE NGOU, gynécologue-obstétricien-CHUL).

Il ressort de ces propos que les femmes peuvent demander une IVG pour des raisons personnelles. Or la législation gabonaise autorise l'avortement sous certaines conditions. Si le Gabon lève les restrictions autour de l'avortement, alors les médecins aussi ne seront plus inquiétés :

« Tout le monde a peur, venir jusqu'ici on va te taxer... Mais si c'est légal, on n'aura plus honte de le dire qu'on a pratiqué une IVG » (Dr Chimène, gynécologue-obstétricienne- CHUMEJE).

Le docteur Nathalie ajoute que :

« Au contraire, si on dépénalise, on va réguler les choses, ça devrait améliorer les choses. Mais comme je vous expliquais le problème, c'est un problème de contexte. On en parle... En tout cas personne ne veut se faire indexer, ni la personne qui vient ni celui qui reçoit. Dans les textes, on dit que l'IVG on peut mais ce n'est pas vraiment dépénaliser en fait. On accompagne, on complète l'avortement, on sécurise.

Mais si ce n'est pas une grossesse pathologique, entrer dans l'avortement il y a des conditions... S'il y a un personnel de santé qui va en prison c'est le côté de mère et enfant. Surtout la santé de la mère, le gynécologue plus qu'un cardiologue ou un néphrologue peut aller en prison. C'est pourquoi la loi doit aussi protéger les médecins » (Dr Nathalie, gynécologue-obstétricienne- CHUL).

Si le Gabon adopte la dépénalisation de l'IVG, les gynécologues qui auraient à pratiquer l'avortement seront protégés par la loi. C'est-à-dire que les médecins ne seront plus sous les sanctions de l'article 377 qui stipule que :

Article 377 : *Est punie d'un emprisonnement de deux ans au plus et d'une amende de 1 000 000 plus, ou de l'une de ces deux peines, la femme qui s'est procuré l'avortement à elle-même qui a tenté de se le procurer ou qui a consenti à faire usage des moyens indiqués ou administrés à cet effet ».*

La dépénalisation de l'IVG éviterait des sanctions pour l'avortée comme pour toute personne ayant participé à l'avortement. De plus, la dépénalisation de l'IVG a un double avantage, celui d'encadrer la pratique et de définir la cible. Les médecins interviewés expliquent qu'un encadrement médicalisé permettrait d'effectuer des interruptions de grossesses sécurisés pour la santé des femmes :

« Bon concernant la dépénalisation, c'est un peu compliqué. Mais je pense peut-être que la dépénalisation va permettre de recadrer les choses, ça fera que ces patientes soient prises en charge par des médecins qui sont des spécialistes. Avant il y avait des cas des patientes qui ont subi des avortements réalisés par des infirmiers ou des_infirmières du bloc dans les quartiers... Si on légalise totalement, les patientes vont être orientées vers les spécialistes qualifiés. Et dans ce cas l'avortement sera mieux encadré » (Dr Chimène, gynécologue-obstétricienne - CHUMEJE).

La médicalisation de l'avortement est un dispositif qui permet le contrôle social du phénomène, autrement dit, un encadrement médicalisé de l'IVG permettrait d'éviter les risques sur la santé sexuelle et reproductive des femmes. Cela suppose la médicalisation contrôlée de l'acte (IVG), les garanties de sa pratique exclusive confiée aux médecins, dans des lieux sécurisés (Bajos et Ferrand, 2011). Les entretiens abondent dans le même sens :

« À partir du moment où c'est encadré, bien fait au niveau de l'hôpital avec les techniciens, des gens qui sont formés pour ça... Il n'y a pas de raison que ça puisse faire autant de dégâts. Je crois que la partie technique, je persiste et signe, les gens sont formés pour ça » (Pr NGOU MVE NGOU, gynécologue-obstétricien- CHUL).

L'interruption volontaire de grossesse relève de la compétence du médecin. Tous les médecins interviewés considèrent que l'avortement encadré et sécurisé par les gynécologues permettrait de réduire les complications post-avortement et la mortalité maternelle :

« Beh quand c'est fait par un médecin, ça va encore même si le risque zéro n'existe pas. On peut toujours être amené à avoir un problème mais il se trouve que le médecin gynécologue, qui n'est pas dentiste, ni cardiologue, a les techniques. Il a aussi la compétence qui faut pour faire correctement un acte de cet ordre-là. C'est sa formation, s'il ne le fait pas bien c'est qu'il n'a pas été bien formé. S'il le fait bien c'est que l'éducation a été bien posée et il a les outils pour le faire donc tout ce qui peut avoir c'est peut-être des complications. Ce sont des complications qui sont tout à fait rattrapables et ça fait partie de sa formation de le faire et puis il le fait comme il a appris » (Dr Arthur, gynécologue-obstétricien - CHUL)

Les gynécologues-obstétriciens ont les compétences pour prendre en charge les avortements comme ils le font pour les naissances. L'accès à des services d'avortement sûrs permettra de limiter les graves complications liées à des IVG :

« Dans nos échanges avec le ministre, il fallait déterminer le cadre. Le cadre doit être uniquement les gynécologues-obstétricien et dans un CHU, dans un hôpital de référence. Ici

on avait même déjà déterminé des services voire des responsables qui devaient s'occuper de ça. C'était la cible et les conditions d'accès à l'IVG qui posaient problème... Maintenant la cible, c'est qui est autorisé de pratiquer et là on n'était pas tous d'accord, parce que le document qu'on nous avait apporté, les mineurs pouvaient pratiquer un avortement sans l'accord des parents, les femmes mariées sans l'accord du conjoint donc nous on n'était pas très d'accord avec ça » (Dr Chimène, gynécologue-obstétricienne- CHUMEJE).

La question de la dépénalisation de l'IVG suscite beaucoup de débats autant sur les professionnels, les structures que sur les femmes elles-mêmes. Cet extrait d'entretien révèle que les mineurs et femmes mariées devraient avoir une autorisation pour se faire avorter. Dans ces conditions, la dépénalisation de l'IVG est partielle et non totale. Alors qu'aujourd'hui, des questions sont posées sur la libéralisation de l'avortement au Gabon et les structures dédiées à cet effet pour éviter la création d'« avortoirs », car cet acte n'est pas un acte médical comme les autres. Si l'acte ne saurait être banal, c'est que des vies sont en jeu. Le Pr NGOU MVE NGOU précise que :

« Je vous ai parlé des centres dédies parce que ça ne peut pas se faire partout et n'importe où. Il faudrait que ces centres d'orthogénie soient sur Libreville au niveau des trois CHU avec des médecins qu'on pourra y mettre dedans et la société aura certainement un autre regard... Notre discussion était dans le sens d'avoir des unités de soins dédiées à ça. Et que cet acte ne puisse pas sortir des centres hospitaliers universitaires, CHUL, CHUO, CHUMEJE, qui peuvent porter ça » (Pr NGOU MVE NGOU, gynécologue-obstétricien- CHUL).

Le Docteur Pélagie ajoute que :

« Dans la même structure ça peut se faire si on en arrive là. On pourra créer un service spécialisé et se sera réglementé, tout le monde n'y aura pas le droit. Il va falloir peut-être faire une enquête psychologique, un entretien pour comprendre les motivations parce qu'il ne faudrait pas qu'on

se retrouve à 13 ans ou 14 ans à décider d'avorter comme ça... Je pense que ça peut se faire puisque les services ne sont pas collés. Le service lié à l'avortement, on peut le mettre en bas et plus haut on aura la PMA sans problème » (Dr Chimène, gynécologue-obstétricien, CHUMEJE).

Le lieu de l'IVG ne fait pas l'assentiment de tous les gynécologue-obstétriciens. Si pour les uns, l'avortement sécurisé peut se faire dans une structure de référence, pour d'autres cet acte doit être pratiqué dans des structures spécialisées mais différentes des CHU :

« Moi j'ai étudié en Belgique. Vous avez des centres quand quelqu'un veut enlever sa grossesse y a pas de souci, elle va à ce centre. Elle parle au psychologue et on engage la procédure ni vu ni connu... Imaginer un hôpital comme Mère et Enfant, là où on donne la vie on ne peut pas donner la mort. Comme je vous expliquais là où on fait les IVG, ce n'est pas là où on fait les accouchements. On ne peut pas enterrer et vivre dans le cimetière. Or là ce qu'on nous demande, c'est que là où on accouche qu'on fasse aussi les avortements. Encore qu'on les enterre où ? À Jeanne Ebori, on fait la promotion de la PMA, on ne peut pas aussi faire la promotion de l'avortement vous voyez ce n'est pas possible. Certains ont pour mission de faire la PMA et donc prendre aussi celles qui viennent avorter non. Donc il faut des centres bien organisés par exemple au CHUO, la personne va voir un psychologue discute, ça n'a rien à voir avec des salles de naissance » (Dr Nathalie, gynécologue-obstétricienne- CHUL).

Certains médecins insistent sur la distinction des lieux de naissance et de ceux de l'avortement. Il devrait y avoir une séparation entre des « lieux de vie » et des « lieux de mort ». Car toute la symbolique en Afrique autour de la mort implique des rituels de purification. De plus, l'éloignement des structures dédiées à l'avortement va atténuer la stigmatisation à l'endroit des « avortées » et des « médecins-avorteurs ». Ces derniers sont la plupart du temps accusés de « criminels » et d'« escrocs » réalisant les avortements pour des raisons pécuniaires. Au Gabon, la pratique cachée de l'IVG par une minorité de gynécologue-obstétricien ne résulte-t-elle pas du regard des autres professionnels de santé et de leur représentation autour de l'avortement ?

4.2. La dépénalisation de l'IVG, un projet à l'encontre des normes sociales et religieuses

Interdit par la loi, tu dans les conversations, l'avortement est pourtant bel et bien pratiqué clandestinement par des femmes. Toutefois, en Afrique, l'avortement provoqué se heurte encore aux valeurs locales. Il est donc difficile d'envisager l'interruption volontaire de grossesse, c'est-à-dire la mise à mort du fœtus « dans un univers où le fœtus, dès l'instant de la gestation, est déjà considéré comme un membre à part entière d'un groupe social, il est un messager de l'au-delà, des ancêtres, de Dieu » (Mvone-Ndong 2019 : 93). Si la pratique de l'IVG se fait par quelques rares gynécologues qui respectent le droit de la femme à choisir le moment et les conditions de sa maternité, d'autres la rejettent pour leurs croyances religieuses et sanctions pénales.

4.2.1. Représentations sociales et valeurs morales en rapport avec l'IVG

Dans les sociétés traditionnelles, comme le Gabon, la maternité des femmes est valorisée. L'embryon a un caractère sacré qu'il faut protéger. Le refus de certains professionnels de l'obstétrique à pratiquer l'IVG s'explique par des raisons morales :

« Nous l'impression qu'on a eu c'est qu'on a calqué le modèle de la France alors que ce n'est pas la même population, ce n'est pas les mêmes mœurs, ce n'est pas la même culture voilà. Il faut réfléchir en fait à rentrer l'IVG dans nos mœurs, nos cultures ; adapter par rapport à notre religion. Or le modèle que le ministère nous avait proposé, c'était plus le modèle de la France » (Dr Ursule, gynécologue-obstétricienne- CHUO).

Le docteur Christelle ajoute que :

« (...) Pour des raisons simplement religieuses et sociales. De nombreuses femmes cherchent les enfants, je n'irai pas encore tuer. Chacun son point de vue. Moi je suis en PMA, j'aide les femmes à avoir des enfants, je ne peux pas encore aider des femmes à tuer. En plus, ma religion ne me permet pas donc chacun à ses raisons de faire ou pas un IVG. Est-ce que j'ai déjà fait des IVG aux patientes, non. Enfant vivant, l'enfant va bien vraiment il n'y a aucun souci, non. Je ne l'ai pas fait sauf si j'ai oublié... Peut-être s'il y a une raison médicale et quand j'étais jeune parce qu'avec le temps on peut changer. Mais mes convictions religieuses me l'interdisent. Je suis catholique, j'estime que c'est une vie. On n'a pas le droit de l'interrompre simplement. Et puis surtout je suis dans l'infertilité, je sais que cela à des conséquences dans quelques années, elles vont revenir parce qu'elles voudront maintenant un enfant alors qu'elles auraient pu l'avoir » (Dr Christelle, gynécologue-obstétricienne, CHUMEJE).

La majeure partie des représentants de l'Église catholique « n'est pas favorable à la pratique de l'avortement, et leurs références religieuses compliquent le positionnement des personnels de santé sur la question » (Ouattara et Storeng, 2014 : 117). Au Gabon, certains professionnels de santé reconnaissent qu'ils sont amenés à adapter leurs convictions personnelles pour choisir ou pas une pratique d'IVG. Aussi, l'idée de préserver la vie est-elle au cœur de la pratique de ces gynécologues-obstétriciens. C'est pourquoi penser interrompre une grossesse est inconcevable. L'interruption volontaire de grossesse est considérée par ces praticiens comme « un meurtre, un acte criminel ». Les croyances religieuses renforcent cette idée car des médecins croyants pensent qu'*« ôter la vie à un être humain »* est interdit, c'est un péché. À côté de cela, les croyances des peuples du Gabon considèrent l'enfant comme *« une réalité mystique, fruit du travail des génies, des ancêtres et de Dieu »* (Mvone-Ndong, 2019 : 77), qu'il faut protéger. Certains professionnels de l'obstétrique sont animés par ces convictions pour refuser la pratique d'IVG. De même, les représentations de la profession obstétricale (prendre en charge la naissance et l'accouchement) expliquent aussi la position de certains gynécologues à ne pas pratiquer l'IVG :

« Mais dépénaliser c'est fort comme mot dans notre contexte. Nous les professionnels, on ne peut pas déjà commencer à parler, faire la promotion. Si on parle de ça, c'est un peu contre nature. On a déjà mis une application en nous, "'c'est de donner naissance"' donc si on remet l'application de "'détruire la naissance"' au vu des gens ça risque de faire un peu dessus-dessous. On n'est pas nombreux donc nous sommes reconnus dans le logiciel de "'donner la vie/accoucher"'. Si on doit encore aller s'afficher pour dire qu'on doit "'enlever les grossesses"' même celle qui va à sa CPN ne viendra plus à l'hôpital » (Dr Nathalie, gynécologue-obstétricienne- CHUL).

Pour ces gynécologues-obstétriciens, leur travail consiste à surveiller les grossesses des risques éventuels mais aussi à accompagner les femmes enceintes. On comprend que « l'accompagnement est devenu un maître mot pour désigner le rôle des agents professionnels associés aux pratiques corporelles autour de la naissance et de la mort » (Memmi, 2003 : 153). L'interruption volontaire de grossesse n'est qu'un élément de la gynécologie-obstétrique mais la volonté de la réaliser dépend de chaque professionnel de l'obstétrique. En fait, l'interruption de grossesse est encore tributaire des positions personnelles des professionnels de santé. Le droit à l'objection de conscience peut être revendiqué au titre de la liberté de conscience par des praticiens qui jugent l'avortement contraire à leur éthique professionnelle basée sur le respect de la vie (Fiala et Arthur, 2014). L'objection de conscience ou « clause de conscience » pousse les gynécologues hostiles à l'avortement à refuser un acte contraire à leurs principes moraux. Aussi, les femmes gabonaises éprouvent-elles des difficultés pour accéder à des services d'« avortement sûrs » et à trouver des personnels de santé qualifiés pour ce type de service. Les valeurs morales s'immiscent ainsi dans les contextes d'offre de soins. On comprend bien que la dépénalisation de l'IVG au Gabon fait face aux modes de pensée, aux représentations reliées aux valeurs religieuses, traditionnelles et personnelles.

4.2.2. On ne va pas « dépénaliser pour dépénaliser »

Les programmes concrets visant à améliorer la situation des femmes et des filles passent non seulement par des droits en matière de santé sexuelle et procréative, mais aussi par une sensibilisation à l'accès à la contraception (Plan-Cadre de Coopération 2023-2027/UNFPA). Il faut donc intégrer la planification familiale dans les services de santé procréative. L'accès à l'information sur les moyens de contraception, la sensibilisation des filles/femmes permettrait d'éviter des grossesses précoces ou des grossesses non désirées, qui poussent parfois ces jeunes femmes à pratiquer des IVG non sécurisées. Les gynécologues-obstétriciens interviewés insistent sur l'information à la santé sexuelle et de la reproduction avant de parler de dépénalisation de l'IVG :

« Notre inquiétude était en amont, qu'est-ce qui a été fait, est-ce qu'on a sensibilisé les jeunes filles dans les lycées sur les IST, les grossesses précoces parce que si on ne sensibilise pas, elles vont tomber enceinte. Et parce qu'elles vont entendre que l'avortement est légal au Gabon, elles viendront en désordre dans ces centres de santé. Elles vont arriver à 13 ans voire 14 ans faire des avortements... C'est pourquoi moi je pense qu'on doit d'abord informer les populations, les jeunes femmes avant de penser à dépénaliser l'IVG » (Dr Chimène, gynécologue-obstétricienne- CHUMEJE).

Il y a des personnels de santé qui accordent un intérêt à l'information, à la sensibilisation des filles/femmes. D'autres négligent cet aspect de l'éducation des filles/femmes. Pourtant, l'accès aux services de planification familiale pour permettre aux femmes de décider du moment et du nombre d'enfants qu'elles souhaitent avoir et garantirait une meilleure santé maternelle et périnatale. Le docteur Nathalie revient sur la sensibilisation des populations :

« Il faut voir le contexte en fait, parce que ce n'est pas dire qu'il faut dépénaliser pour dépénaliser. Il faut d'abord informer les gens. La population n'est informée sur rien, même pas sur les aspects qui concernent la médecine. Ce n'est pas parce que de notre côté en tant que prestataire on trouve que c'est bien ; qu'on prend la décision de le faire parce qu'il faut non. C'est là ou je dis qu'il y a un gros gap, c'est l'information des gens en santé qui est primordiale. Il faut faire la promotion de la santé sexuelle et de la reproduction. L'idée c'est informé, informé les gens pas à pas... Dire quel est le but de la grossesse, c'est quoi l'IVG. Il faut parler du Gabon, le nombre d'enfants par femme. Informer sur le problème de la femme par rapport à la fertilité. Il y a un travail à faire en amont et pas seulement venir parler de la dépénalisation de l'IVG. Vous savez il y a des filles qui ne savent même pas qu'elles sont enceintes. Lorsqu'elles découvrent, elles veulent interrompre leur grossesse mais à quatre mois ou plus il y a des risques de complication. Parfois, la même fille va avorter trois ou quatre fois alors que quatre avortements la même année c'est beaucoup de risque. Et c'est ça les risques de déviance. En fait, on ne peut pas vouloir dépénaliser l'IVG sans parler aux communautés. Il faut expliquer pourquoi on doit sécuriser l'avortement, parler de la contraception et de l'espacement des naissances. Sincèrement il y a un problème, la population n'est pas informée donc à partir de là, je me dis venir parler de tous ces phénomènes-là, de la dépénalisation de l'IVG, c'est un peu mettre la charrue avant les bœufs » (Dr Nathalie, gynécologue-obstétricienne- CHUL).

Au Gabon, la précocité des rapports sexuels révèle un problème plus profond, celui du tabou autour de la sexualité. Comment parler de dépénalisation de l'IVG si même, les préliminaires autour de la sexualité, les contraceptions ne sont pas acquises par les filles/femmes. L'éducation des filles est une tâche qui incombe à la mère. Mais en ce qui concerne la sexualité, la mère a dû mal à en parler à ses enfants. Comme le souligne A. Ekang Mvé :

« L'information des jeunes sur la sexualité, la reproduction et les risques qui lui sont associés, restent largement tabous. L'absence totale de dialogue entre les générations au sujet de la sexualité demeure une barrière à la diffusion de l'information et à l'adoption de comportements de prévention » (Ekang Mvé, 2022 : 194).

Il faut donc informer, sensibiliser et procéder à l'éducation à la santé mais aussi informer sur la dépénalisation de l'IVG. Les représentations des jeunes filles peuvent être erronées sur la dépénalisation de l'IVG. Certaines pourront penser comme le souligne le Dr Nathalie : *« qu'elles peuvent ne pas se protéger, tomber enceinte et avorter. Refaire le même schéma plusieurs fois dans l'année, c'est-à-dire avorter trois ou quatre fois dans l'année puis que c'est légal. Il faut faire très attention avec tout ça »*. Le manque d'information sur la sexualité, sur la planification familiale expliquerait les grossesses précoces et les IST. Pourtant, les parents ont un rôle fondamental à jouer dans l'éducation de leur enfant. À l'évitement des questions de sexualité, au déni des familles sur la sexualité précoce de leur enfant doit faire place la sensibilisation de masse. C'est pourquoi, on ne saurait parler de dépénalisation de l'IVG sans tenir compte du contexte actuel. Le docteur Nathalie pense que la dépénalisation de l'IVG ne peut se faire à l'état actuel des choses :

« La question est si elle est adolescente qu'est-ce qu'on fait ? Il faut l'assentiment, il faut l'accord des parents, tout ça est nécessaire pour aborder ce genre de problème. L'autre question, il faut des consommables. La ressource humaine oui mais les consommables aussi ; on aborde ces questions avec quoi... Il y a des protocoles, des médicaments dédiés à cette pratique là et dans les services de gynéco-obstétrique ce n'est pas ça, ça ne fait pas partie des produits qu'on commande en

stock. En fait, ça ne fait pas partie des besoins exprimés si vous voulez. On va exprimer le kit d'accouchement, le Syntocinon mais l'expression des besoins en termes d'IVG est rare et ici donc c'est au cas par cas. On n'a pas de matériel en fait. Il n'y a pas de ressources pour ça, ici regarder les conditions... Il n'y a pas de moyens c'est tout. Les moyens pour prendre en charge la suite, les moyens pour la personne qui fait l'acte. Tu vas rester là à faire les IVG tu n'as pas un rond, non il ne faut pas se voiler la face. Mais on ne vous dira pas ça. Celui qui dit qu'il ne peut pas faire ou celui qui dit qu'il peut faire, nous tous on est dans une réponse sans prérequis » (Dr Nathalie, gynécologue-obstétricienne-CHUL).

Les représentations sur l'avortement mettent en évidence des dilemmes entre postures sociales, religieuses et postures techniques. La dépénalisation de l'IVG ne peut être réalisable que si la population est informée, éduquée à la santé et que les structures de santé facilitent l'accès aux soins.

Conclusion

L'IVG est une pratique interdite au Gabon. Elle est toutefois autorisée pour des raisons particulières, notamment les cas de viol, d'inceste ou pour des raisons médicales. Le Code pénal au Gabon prévoit des peines à l'endroit de l'« avortée » et de l'« avorteur ». La loi n° 42/2018 dépénalise l'avortement mais sous conditions. Parler de la dépénalisation de l'IVG au Gabon soulève encore de nombreux débats, car les avis des professionnels sur la question divergent. Si certains pensent que l'IVG doit être vue comme un droit des femmes à disposer de leur corps et à choisir le moment de leur maternité. Ils s'accordent tous à dire que l'avortement sécurisé permettrait de réduire la mortalité maternelle et surtout d'éviter les complications post-abortum. D'autres estiment que la dépénalisation de l'IVG ne peut se faire sans un travail de sensibilisation aux moyens de contraception, d'information et d'éducation à la santé. Il faudrait éduquer les filles/femmes sur les grossesses, les IST mais aussi sur la planification familiale. À côté de l'éducation de masse, le projet de la dépénalisation de l'IVG au Gabon s'oppose aux normes sociétales, culturelles et religieuses, des normes qui valorisent la maternité des femmes et qui au contraire condamnent l'avortement et stigmatisent l'« avortée ».

Références bibliographiques

Bajos N., Ferrand M., (2011). « De l'interdiction au contrôle : les enjeux contemporains de la légalisation de l'avortement » in *Revue française des affaires sociales*, n° 1, pp. 42-60.

Bitouga B. A (2022). « Pratiques et représentations socioculturelles de l'interruption volontaire de grossesse chez les jeunes au Cameroun », in N. Sallah., J-E Etoughé-Efé., J.R Renamy Ziza Sougou., A.P Ndembi Ndembi., A. Ekang Mvé., (sous la dir.), *Faire sortir la grossesse. Savoirs, itinéraires et protocoles autour de l'avortement en Afrique subsaharienne,* Paris, L'Harmattan, pp. 29-59.

Cresson G., (2006/1). « Les hommes et l'IVG, Expérience et Confidence » in *Sociétés Contemporaines*, n° 61, pp. 65-89.

Crozier M., Friedberg E., (1977). *L'acteur et le système*, Paris, Seuil, 436 p.

Ekang Mvé A., (2022). « Entre "'Pas ça dans ma maison"' et "'Fais l'enfant, je vais le garder"' : Les parents d'adolescents entre interruption forcé de grossesse et encouragement à l'enfantement » in N. Sallah ., J-E Etoughé-Efé., J.R Renamy Ziza Sougou., A.P Ndembi Ndembi., A. Ekang Mvé (sous la dir.) *Faire sortir la grossesse. Savoirs, itinéraires et protocoles autour de l'avortement en Afrique subsaharienne,* Paris, L'Harmattan, pp. 193-204.

Esseng Aba'a G., (2019). « IVG, protection de la vie et liberté des femmes de 1975 à nos jours » in G. Esseng Aba'a., J-E. Etoughé-Efé (sous la dir.) *L'interruption volontaire de grossesse. La société gabonaise au miroir de la loi Veil*, Paris, L'Harmattan, pp. 143-171.

Ganatra B., Ozge T., Heidi B.J., Brooke R., Metin Ahmet G., Marleen M.T (2014). « From concept to measurement : Operationalizing WHO'S definition of unsafe abortion », *Bulletin of the World Health Organization*, 92 (3), p.155.

Guillaume A., Rossier C., (2018). « L'avortement dans le monde. État des lieux des législations, mesures, tendances et conséquences » in *Population*, vol.73, n° 2, pp. 225-322 in https://doi.org/10.3917/popu.1802.0225

Ibinga M., Mimbuih M'Ella C.M., (2022). « La législation de l'interruption volontaire de grossesse : une loi parallèle aux réalités gabonaises » in N. Sallah ., J-E Etoughé-Efé., J.R Renamy Ziza Sougou., A.P Ndembi Ndembi., A. Ekang Mvé (sous la dir.) *Faire sortir la grossesse. Savoirs, itinéraires et protocoles autour de l'avortement en Afrique subsaharienne,* Paris, L'Harmattan, pp. 47-59.

Mayi-Tsonga S., Diallo T., Litochenko O., Methogo M., Ndombi I., (2009). « Prévalence des avortements clandestins au centre hospitalier de Libreville, Gabon », in *« 'Sante publique »'* Manuscrit n° 3403, pp. 230-232.

Membrado M., (2001). « La décision médicale entre expertise et contrôle de la demande : le cas des interruptions de grossesse pour motif thérapeutique », in *Sciences Sociales et Santé*, vol.19, n° 2, pp. 31-61.

Memmi D., (2003). *Faire vivre et laisser mourir. Le gouvernement contemporain de la naissance et de la mort*, Paris, La Découverte, 312 p.

Mvone-Ndong S-P.E., (2019). « Le masculin/féminin : l'IVG à l'aune d'un transfert d'idéologie en Afrique. Pour une éthique du respect de la vie » in G. Esseng Aba'a., J-E Etoughé-Efé (sous la dir.)., *L'interruption volontaire de grossesse. La société gabonaise au miroir de la loi Veil*, Paris, L'Harmattan, pp. 77-98.

Ndembi Ndembi A.P., (2022). « Techniques d'avortements et accès aux soins après avortement à Lambaréné, Bifoun et Ndjolé » in N. Sallah., J-E Etoughé-Efé., J.R Renamy Ziza Sougou., A.P Ndembi Ndembi., A. Ekang Mvé., *Faire sortir la grossesse. Savoirs, itinéraires et protocoles autour de l'avortement en Afrique subsaharienne,* Paris, L'Harmattan, pp. 265-280.

Organisation Mondiale de la Santé (OMS), (2011). *Unsafe Abortion : Global and Regional Estimates of the Incidence of Unsafe Abortion and Associated Mortality in 2008*, 6 th ed. Geneva, Switzerland, World Health Organization, 56 p.

Organisation Mondiale de la Santé (OMS), (2018). *Unsafe Abortion : Global and Regional Estimates of the Incidence and mortality due to unsafe abortion with a listing of available country data,* Genava, World Health Organization, *109 p.*

Ouattara F., Storeng K.T., (2014). « L'avortement volontaire au Burkina Faso : quand les réponses techniques permettent d'éviter de traiter un problème social » *Autrepart*, n° 70, pp. 109-123.

Strauss A., (1992). *La trame de la négociation. Sociologie qualitative et interactionnisme*, Paris, L'Harmattan, 320 p.

Weber J-C., Allamed-Raffin C., Rusterholtz T., Pons I., Gobatto I., (2008). « Les soignants et la décision d'interruption de grossesse pour motif médical : entre indications cliniques et embarras éthiques » in *Sciences Sociales et Santé*, vol.26, n° 1, pp. 93-120.

Structures éditoriales du groupe L'Harmattan

L'Harmattan Italie
Via degli Artisti, 15
10124 Torino
harmattan.italia@gmail.com

L'Harmattan Hongrie
Kossuth l. u. 14-16.
1053 Budapest
harmattan@harmattan.hu

L'Harmattan Sénégal
10 VDN SICAP AMITIE 3
BP 45034 Dakar-Fann
direction@senharmattan.com

L'Harmattan Cameroun
Tsinga/Derrière polyclinique FECAFOOT
BP 11486 Yaoundé
Jacques.koukam@harmattan.fr

L'Harmattan Burkina Faso
Villa 281, secteur 23 623, rue 14.32
Ouagadougou
zagbie@outlook.fr

L'Harmattan Guinée
Almamya, rue KA 028 OKB Agency
BP 3470 Conakry
harmattanguinee@yahoo.fr

L'Harmattan RDC
185, avenue Nyangwe
Commune de Lingwala - Kinshasa
matangilamusadila@yahoo.fr

L'Harmattan Congo
219, avenue Nelson Mandela
BP 2874 Brazzaville
deunovmikhael@gmail.com

L'Harmattan Mali
Immeuble Mgr Jean Marie Cissé
Aci Hamadallaye
BP 145 Bamako
syllaka@yahoo.fr

L'Harmattan Togo
Djidjole - Maison Amela
face EPP BATOME
02 BP 20680 Lomé
didieramela11@gmail.com

L'Harmattan Côte d'Ivoire
Résidence Karl - Cité des Arts
Abidjan-Cocody
03 BP 1588 Abidjan
harmattan.ivoire@gmail.com

L'Harmattan Bénin
Rue 604, (Immeuble à l'entrée
de la rue UCAO- Cite de Saint-Jean)
Cotonou
stepcorpus@gmail.com

Nos librairies en France

Librairie internationale
16, rue des Écoles
75005 Paris
librairie.internationale@harmattan.fr
01 40 46 79 11
www.librairieharmattan.com

Librairie des savoirs
21, rue des Écoles
75005 Paris
librairie.sh@harmattan.fr
01 46 34 13 71
www.librairieharmattansh.com

www.ingramcontent.com/pod-product-compliance
Lightning Source LLC
LaVergne TN
LVHW021233061026
849535LV00008B/3045
* 9 7 8 2 3 3 6 5 9 1 8 4 1 *